季節のなかの神々

歳時民俗考

小池淳一
Junichi Koike

春秋社

はじめに――歳時の相貌

時間を目で見ることはできない。しかし、この日本列島においては、時の流れを四季の移りかわりとして、誰にでも容易に感じることができる。そしてそのことは古代から意識され、語られてきたといえるだろう。そうした時間と生活との関わりを習俗の次元で考えようとしてきたのが、民俗学における歳時習俗研究であった。

本書では、こうした歳時の民俗、つまり年中行事をなるべく広くとらえ直して、民俗における時間とその表現について考えてみたい。それらの多くは神や仏とその祭り、あるいは妖怪や精霊の姿や性質として伝えられてきたことが特徴である。本書では特定の地域の限られた行事について考えるのではなく、これまでの民俗学の調査研究の積み重ねをふりかえり、そこに示されてきたデータに目を凝らしてみたい。時の流れの中に見え隠れする神や精霊の姿をとらえ、その根底にある意識を抽出してみることにしよう。

年中行事の神々

日本の民俗研究において年中行事は大きく二つの観点で分析が行われてきた。ひとつは生業、すなわち稲作をはじめとする農業を軸に、日々のなりわいのリズムが年中行事の基本となっているというとらえ方である。種まきから収穫にいたる労働に接して行われてきた予祝と感謝のための儀礼が年中行事の骨格ということができる。米作りのために編み上げられてきた労働互助の組織とその宴や家ごとの祭事が年中行事の構成要素であった。そのためにそれぞれの土地でどのような作物を作り、どういった労働が行われてきたかが年中行事の基盤となっていると考えられてきたのである。

もうひとつの観点は、日々の信仰が一年というサイクルのなかでどのように配列され、相互に連関しているかをとらえるものである。そこには単なる労働だけではなく、神仏を意識し、その加護や降臨によって生活が可能になるという敬虔な態度があり、深く意識することは少なかったにしろ、先祖からのしきたりを遵守して後世に伝えて行こうとする意思があった。そうしたことを意識すると年中行事における神や仏は、神社・寺院の奥に祀られているばかりではないこと、家や村、あるいは田畑や路傍、海辺さらには山中などでも祭りがおこなわれてきたことに思い至る。そうした生活のなかに浸透した神々の姿を意識することが年中行事に他ならない。

本書は日本列島で積み重ねられてきた生活のなかに見え隠れしている神、正確に言えば神だけではなく仏教の如来や菩薩、諸天、さらには精霊や妖怪までをも意識してみたい。こうした年中行事のなかの宗教的存在を、成立宗教の教えや高度に構築された教理などではなく、日常の生活に見出し、その特徴と位相とを考えてみたいのである。こうした民俗的な神格には、迷信や淫祠といったマイナスの評価が支配者や知識人から与えられる場合があった。そして時には弾圧や改変、批判や蔑視の対象ともなってきた。しかし、そうした知識と論理だけでは割り切れないものを抱えているのが我々の生活であり、日常である。ここではそうした普遍的な生活から生まれた日常倫理の具体的な表象として、年中行事における神仏を取り上げていきたい。

盆と正月

現代の日本人の誰もが意識する年中行事として、盆と正月がある。一九五七年に発表された平山敏治郎の「年中行事の二重構造」では、正月と盆とが一年のなかで最も重要な節目であり、この二つの行事はかつては同じ意味を持っていたと考察されている。その意味とは、収穫を感謝し、農耕そのほかによって得られた実りで神饌を整え、神祭りを行うこと、同時にその時期には身近な死者の霊魂をはじめとするさまざまな神霊を祀ることも併せて行うというものであった。これは柳田國男以来の民俗学における年中行事の研究成果であり、柳田の『先祖の話』に集約された基礎的な見解でもあった。

この時期には「帰省ラッシュ」という言葉が用いられるように、多くの人びとが故郷を目指して移動し、交通機関は大混雑する。正月と盆の時期を親しい者たちが集って時間を送ろうとするのがその理由である。法に定められたわけでもなく、自発的に人びとがくり返してきた、まさに民俗であり、一年に二度の再会、結集の機会である。

一般に、正月は新年を祝うものであり、盆は先祖の供養という全く異なった目的の行事として受け取られている。しかし、民俗研究上は、両者には共通する性格があることが指摘されている。新しい年は歳神と呼ばれる神の訪れとして表象されるが、年の終わりから新年にかけて死者を祀るという感覚や、それにまつわる民俗が古くから注意されてきた。『日本霊異記』上巻十二話や下巻二十七話をはじめ、『枕草子』（三巻本）の三十八段、『徒然草』の十九段といったよく知られた古典にも、そうした慣習があったらしいことが記されている。

『日本霊異記』上巻十二話では、元興寺の道登という僧の従者の万侶が、大和から山城へ向かう道に髑髏《どくろ》がうち捨てられていたのを哀れんで木の上に置いたところ、その年十二月の晦《つごもり》の夕べに、髑髏が生前の姿で万侶を訪ねてきて「今夜にあらずは恩に報いむに由無し（今夜でなければ恩に報いることができない）」と述べ、死者への供物が用意してある自らの家に招いたということになっている。古代においては、年の変わり目が死者の供養の時間であった。

このように一年のうちに二回、死者、それも身近な存在の霊魂を意識し、供養する感覚が生じたのは、暦法の影響も考えられるが、それ以外にも道教や中国の歳時儀礼の影響などさまざまな要因が重なりあっていると思われる（小島瓔禮「正月と盆の対位と暦法」『民俗』四十五号）。それらが日本列島上で多様に展開し、徐々に盆には死者の祭祀が中心となり、正月は新年の祝いを核とするように変化していった。

こうした感覚は、正月に対して、ちょうど半年隔たった六月にまるでもう一度、新しい年が訪れるかのような民俗があることからも了解される。佐賀県佐賀市鍋島町蛎久ではかつて六月一日を「半歳ノ元旦」と呼び、正月の餅を保存しておいたものを朝食にしたという。鳥取県気高郡青谷町山根でも「マタノ正月」といって正月のカキ餅を焼いたり、あられを煎って食べたという。栃木県芳賀郡茂木町牧野ではこの時期を「ムケノツイタチ」とも「オ精進」とも称し、七日間、母屋の中にしめ縄を張り巡らした部屋を設け、身を清めた。この精進潔斎が終了するのが六月一日にあたることになっていた。

これらの行事を全国的に通覧した宮田登は、暦法の普及以前には年に二回、年を改め、再生を願ってきた心意がうかがえるとしている（「暮らしのリズムと信仰」『日本民俗学講座〈三〉信仰伝承』）。こうした年の変わり目にとりわけ入念に祭祀がおこなわれ、その対象として措定された神格は先祖の霊魂やそれと近似した存在であったといえるだろう。盆も正月も生きている血縁の人びととの再会の時間であるとともに、懐かしい死者や先祖とも巡り会う時間なのである。

無縁・餓鬼と厄神・疫神

一方で盆や正月に祀る神々は、こうした祖先の霊魂ばかりではなかったことにも注意しておきたい。盆に際しては、「ご先祖様」ばかりではなく、「無縁」あるいは「餓鬼」と呼ばれる存在も意識し、供物を施す慣行がある。

山形県置賜地方の小国郷の年中行事を精細に記録した金儀右衛門の『年中行事読本』によれば、この地域の盆は七月七日の墓掃除に始まり、十三日の夕食後にオショラエ様を墓から迎える。その時、墓地や家の入り口で火を焚く習慣は広く見られるが、黒沢・箱の口といった地域では墓参りの帰途に鉦《かね》を叩きながら精霊を家まで導いたという。ここでのオショラエ様、すなわち精霊は先祖の霊魂と考えてよいだろうが、一方で盆の期間、家で先祖を祀る以外に、十四日の朝食後、もう一度餅を持って墓参りをする家もあったという。これは無縁仏に餅を供えるためで、そうしないとせっかく先祖に供えたものを無縁仏に取られてしまう、といっていた。

これは盆に「ご先祖様」を祀る以外の付加的な習慣のようであるが、似たような例は日本各地に広く伝わっている。先祖を祀る以外にも何らかの神霊に類する存在が、盆の期間に意識されてきたのである。そしてそれらもきちんと祀らなければ、盆の目的は達成されないのである。

同様に大晦日《おおみそか》から新年にかけても、本来の祭祀の対象であるはずの歳神や「正月様」ではなく、「厄神」とか「疫病神」あるいは「疱瘡神」などを祀るという奇妙な事例が報告されている。香川県小豆島では大晦日に近くの四つ辻に行き、「疱瘡の神」、「風邪の神」を背負う真似をして、家に帰り、正月三日間、餅を供え、灯明をあげて祀り、三日に再びもとの四つ辻に戻すという報告があった。宮城県松島町根廻でも年越しの晩に家の者が疱瘡にかからないようにと歳徳神に供えるのと同じ膳を神棚に祀ってある疱瘡神にも供える家があった。こうした事例を検討した三崎一夫は、「正月行事における疫神鎮送について」(『東北民俗』五輯)という論考において、正月に疫神を祀り、送る行事はかつては日本各地で一般的であったと推察している。

こうした歳時にまつわる儀礼の本来の目的とされる神々と、それ以外の、望まれないながらも祭祀を行わなければならない精霊とがともに祀られるのが、日本の年中行事の特色であり、基本的な構造であることは近年、かなり明確に論じられるようになってきた(田中宣一『祀りを乞う神々』)。

また年中行事をその祭祀対象から考えようとする場合、祖霊のように穏やかな性格を帯びたものと、御霊のように慎重に祀らないと激しい祟りがもたらされるものとに分けて理解することは、民俗研究においては既に古典的である（大島建彦「信仰と年中行事」『日本民俗学大系〈七〉』）。歳時のなかの神や仏は、そうした行事そのものの目的とされてきた神々と、それほど強調されないものの、祭祀儀礼のなかで注意深く扱われてきた精霊のような存在との双方に目配りする必要があろう。そこに時間の経過とともに祭儀を繰り返してきた無意識の歴史が刻み込まれている。また複雑な姿を呈する行事の諸相には、行事が現在のかたちに組み立てられていく過程が埋め込まれているともいえる。

来訪神と常在神

歳時習俗を通覧すると、そこに表れる神は一定の時間の経過、季節の推移とともに、祀る側の住む土地や家屋にやってくるという観念があることに気づく。これをマレビト神とか来訪神というとらえ方がなされてきた。こうした考え方を最初に提出した折口信夫は、「まれびとは古くは、神を斥《さ》す語であつて、とこよから時を定めて来り訪ふことがあると思はれて居た」といい、「まれびとの来ることによつて年が改まり、村の生産がはじまるのであった」とも述べている（「国文学の発生〈第三稿〉」一九二七年、『折口信夫全集〈第一巻〉』）。こうした見方を広げていくと、日本の年中行事はこうしたマレビトとしての神を迎え、送ることをくり返すことによって形成されてきたというとらえ方が成り立つだろう。

こうしたマレビト神は時には村びとが仮装し、恐ろしげな扮装で年の替わり目に訪れるという民俗となっている場合があった。秋田県男鹿半島のナマハゲや石川県能登半島のアマメハギなどにも類した存在は、村を訪れて新しい時間を告げる役割も持っていた。

芳賀日出男が『神さまたちの季節』で取りあげている愛知県北設楽郡設楽町の三都橋で行われていた津島神社の祭礼も、来訪する神仏が印象的な祭りであった。十一月十七日の夕方、神社と川を挟んで向い合っている丘の上に祀られている観音を、神社に迎えるところから祭りがはじまる。日が暮れると、右手に剣を持った不動明王が登場し、悪魔ばらいをする。続いて恵比須神、毘沙門天、大黒天といった神仏が次々と社殿を訪れる趣向となっている。こうした神仏は村びとが仮装しているのだが、祭儀のなかではあくまでも神霊として扱われ、祭りに集う人びとに豊作と幸福とを授ける存在である。

このように時を定めてやってくる来訪神の存在が季節の進行によって感得され、芸能化していくことで年中行事が発展してきたということができる。こうした訪れる神々は遠い土地の威力ある存在である場合もあれば、ふだんは村の路傍、あるいは民家の片隅で何気なく祀られている小さな神仏の場合もあった。いずれにしろ、日常の暮らしのなかでそれほど気にとめられることの少ない存在が、特定の時間になると祭りの対象となり、その来臨が具体的に意識され、そのための儀礼が行われ、祭文や経典が読み上げられるのである。

地域の生活のなかで祀られている神は地縁と血縁とが重なった村落のなかで常に人びとを見守り、氏神として、氏子と称される村びとたちにとっては絶対の存在であるという見方も一方ではある。日本の神祭りの基本は村落社会を基盤とする常在の神に対するものであったというのが原田敏明の見解である。原田によれば氏子にとっての絶対的な神である氏神を祀ることが祭り、すなわち政りごとにつながるのだという（「氏神と氏子」『宗教と社会』）。

ふだんの生活の中に常在する神に対して、定期的にあるいは必要に応じて臨時に祭りが行われることから、改めて神が来訪するという感覚が生まれ、それを具体化するかたちで、祭礼や芸能が組み立てられていったというとらえかたも成り立つだろう。年中行事における神の問題は、こうした常在と来訪という神に対する感覚からも考える必要があるといえよう。

生産にまつわる神格

日本文化を民俗学の見地から分析すると、儀礼や祭事などのハレと、生活の日常部分であるケとで組み立てられているということができる。そして日本文化の基盤には稲作から生みだされた観念があり、それは年中行事のなかにも表現されている。稲作によって生産される米は単なる食物ではなく、餅などに加工されることによって神仏に供えられ、またハレの重要な要素となっていく。年中行事には神仏に対するさまざまな供物が登場するが、逆に供物から祀られる神仏の性格を考えることも可能である。正月に餅がなくてはならないのは、正月に祀られる神がとりもなおさず、米作り、稲作に深く関わる存在であることを示している。

しかし、広く各地の年中行事を検討していくと、餅だけが供物として扱われるわけではない。それどころか、一年のはじまりである正月に餅をつかない、もしくは食べないという慣行を長く維持してきた家や村があることが注目される。いわゆる「餅無し正月」と言われる習俗がそれである。特定の家や村において、周辺では餅を搗《つ》いて正月を祝うのに、先祖に何らかの不幸が降りかかり、その苦労を偲ぶために餅を搗かず、年頭の供物にも、また食事にも餅を用いないという習慣を近年まで厳密に守ってきたというケースは少なくない。

こうした習俗が生まれる背景には稲作ばかりではなく、畑作とそれに伴う儀礼が想定できる（坪井洋文『イモと日本人――民俗文化論の課題』）。さらに小正月には小豆粥を食べるという習俗を意識すると、餅を中心とする白いイメージに正月が彩られるのに対して、赤い色を中心とする小正月という対置が可能になる。白い餅は日本のハレを象徴するものであったが、丁寧に眺めると、多くのハレの行事には白い米を小豆を用いて赤く染める食習慣があることに気づかされる。餅無し正月の重要性を説いた坪井洋文はこの問題を「赤い新年」というとらえ方で考えようとした（「新年の時間的二元性」『神道的神と民俗的神』）。日本の年中行事はその食物に注目すると、白色に象徴される要素と赤色に象徴される要素があることになる。この当否については慎重に検討を加えなければならないが、生産労働とそこから生みだされる食物に注意して年中行事を考える姿勢は重要である。

実際、餅無し正月は餅を忌避するというよりも、餅以外のさまざまな食材をも正月食、すなわちハレの食材として扱う感覚から生まれたのではないか、という見解が安室知によって提出されている。安室によれば、餅無し正月とはあくまで餅を用いる正月を基盤として形成されたものであり、生業の複合性を反映したものとされる（『餅と日本人――「餅正月」と「餅なし正月」の民俗文化論』）。つまり「雑煮」という正月の儀礼食は文字通り、雑多で多様な食べ物によって構成されているところに意味があるということになる。それはそうした食物を供物として受け入れる神々の問題でもある。供物はそれらが供えられる神々の性格を反映している。稲作の神には稲作の成果である米が、畑作の神には畑作によって得られたものが供えられるのである。

年中行事の階層性と時代性

ここまで、年中行事を庶民生活の中から生みだされ伝えられてきたことに限定して話を進めてきた。しかし、公家や武家といった直接生産に携わらない階層や集団にも年中行事があることはいうまでもない。それらは、庶民生活を基盤とする年中行事とどのような関係にあるだろうか。

中世、越後国の在地領主であった色部氏は、現在の新潟県岩船郡にあたる地域を治め、年中行事に関する豊かな記録を残している。「色部氏年中行事」と呼ばれるこの記録を分析した藤木久志は、正月に行われる吉書始や門松立て、節分や七夕、盆、あるいは秋の祭りなどの行事に際して領主の館に百姓や職人たちが出入りし、供物を用意し、準備に力を貸していたことを指摘している（「在地領主の勧農と民俗」『戦国の作法――村の紛争解決』）。こうした機会がおそらく、基盤の異なる年中行事が混淆し、その内容に変化するきっかけになったのではないか、と推測されるのである。さらには幸福や豊作をもたらすと信じられた神仏の存在や利益などに関する知識も、こうした機会に庶民の暮らしのなかに流れ込んだのではないだろうか。年中行事を考える際には、このように階層や集団を越える視点も重要である。

また近世になると江戸や大坂といった大都市が成立し、各地の民俗や習慣が都市空間のなかで混じり合う機会も多かったと思われる。各地の子どもの成長を祝う儀礼が集約され、あらたに祝い事として成立した七五三をはじめ、人びとの交流や移動は年中行事にも多くの影響を与えた。さらに明治以降の近代国家においては、国家による記念日の設定や民俗的な慣習が国家に取りあげられて祭日となるケースもあった。神仏分離や廃仏毀釈、その後の国家神道といった近代国家の宗教政策も年中行事に影響を及ぼしていった。

民俗研究によって取りあげられる行事はそうした近代の荒波のなかで変容しつつ、伝えられてきたものである。教育の普及や生活改善運動などによって年中行事が大きく改変され、神仏の祭りも合理化されることも少なくなかった。そしてそうした転変を踏まえて、なお、その根底にあるものを見つめていくことが求められるだろう。

本書では、季節の推移という観点から、習俗として表れる神々をなるべく具体的に取りあげ、そこに込められてきた歴史や精神構造を探ってみたい。それは一方向に流れる時間に対して、くり返す季節のような循環的な時間を意識することでもある。

年中行事は、時間の進行にともなって、通常の生活空間のなかで神霊を意識する行為の繰り返しである。時間の到来によって生活空間が祭祀の場に変わり、季節の中に神を感じる感覚が歳時民俗の根底には流れている。それをたどる試みをこれからはじめよう。

季節のなかの神々　目次

夏の章

秋の章

冬・新年の章

季節のなかの神々——歳時民俗考

春の章

節分の主役

節分の主役は何と言っても鬼である。冬と春との区切り、つまり立春の前日、新しい年の始まりにあたって、悪しきものを追いはらおうとする行事が行われ、その悪しきものの具体的な姿として鬼がある。

中国でも行われていた追儺《ついな》や古くから続く寺院行事の修正会《しゅしょうえ》などにも、こうした年の変わり目にあたって悪しきものを生活のなかから除去しようとする意図が見出せる。そうした心のありようも長い歴史を持つ知恵といえるだろう。「明日立春、故及昏、…因唱鬼外福内四字」(『臥雲日件録抜尤』文安四年〈一四四七〉十二月二十四日条)といった中世の寺院記録のなかにも「鬼は外、福は内」というなじみ深い言葉を見出すことができるのである。

各地の民俗的な行事のなかにも鬼の姿がさまざまなかたちで伝えられている。有名な秋田県男鹿半島のナマハゲは、大晦日《おおみそか》や小正月の行事ではあるが、同じ感覚のなかで育まれたものといえるだろう。ナマハゲは単なる鬼ではなく、地域の人びとに訓戒を与える存在でもあるから、神にも近い存在である。現代でも、家や地域の節分行事で、誰が鬼になるか、といった話題は単純なようでいて、一筋縄ではいかないだろう。

さて、節分の晩、鬼は豆によって追いはらわれてしまうのだが、その鬼はどこへ行くのか。実は、邪気そのものである鬼を積極的に迎え入れ、もてなす習俗が伝えられている。このことは、民俗的な鬼の性格を考える上でも興味深い。

東京都小平市小川には「鬼の宿」という行事を伝えている旧家が何軒かある。この行事を詳細に調査した水野道子の報告（「鬼の宿」『西郊民俗』九十四号、同一一四号）によれば、これらの旧家では、節分の晩に豆をまくことをせず、「鬼は外」と叫ぶこともしない。逆にイエの中に鬼を迎える場所を設け、小豆飯を炊き、御神酒を供え、灯明をともしておく。そして深夜零時を過ぎる頃になるとこれらをサンダワラに乗せて、四つ角や十字路に置いてくるのだという。その時には決して振り返っては行けないという禁忌を伴う場合もあった。

ムラの中の特定のイエだけが、鬼を追いはらわずに逆に迎え入れ、特別に祀るのは、どういうわけだろうか。類似の例を多く集めて比較しなくてはならないが、一応の道筋を考えておこう。

ここでの鬼はナマハゲなどと同じように邪気そのものというよりも、それらをつかさどる存在である。その鬼を祀るということは、つまり、邪気をはらう力を期待するということになるのであろう。

また、大晦日という年の変わり目に、死者を祀ることは中世まで広く行われていたし、ミタマメシという東北地方に伝えられていた正月の習俗は、先祖の霊を祀る感覚が残ったものと解釈することができる。正月などの時間の節目には、単純に新年を言祝ぎ、めでたいというだけではないさまざまな祭儀が行われるのであり、小平の「鬼の宿」もそうした民俗的な神観念が節分という行事に引き寄せられて形成されたものだといえるだろう。

豆にこめる力

年の初めには、やがて営まれていく農作業の予祝の意味を持つ行事がさまざまに行われる。細長い日本列島各地での行事は、暦そのものとの差も著しい。しかし、行事の目的やそこに込められている祈りは驚くほど似通っている場合がある。

節分と言えば、豆まきをすぐに連想し、それを民俗学的に解釈すれば、豆の呪力によって季節の変わり目、一年の境の時間に魔を追い払うのだという説明がなされる場合が多い。しかしそれは、いささか表層的な考えではないかという見解もある。近畿民俗学会の『大和の民俗』の「鬼追い」の項目を担当した笹谷良造は、食物をわざわざ投げるという行為には、盆の施餓鬼《せがき》と同じ意味があるのではないか、という。年の変わり目にも施しを求める精霊の類《たぐい》がやってくるのを追い払う意味で豆がまかれるので、鬼という表現は単純に過ぎるのかもしれない。

豆を用いるのは節分の行事の特色であるが、そこにはさまざまな要素が見え隠れしている。近世の年中行事の様相をうかがう基本史料である「諸国風俗問状」とそれに対する各国からの回答には、そうした問題を考える手がかりを見出すことができる。阿波国からの回答には節分の際に用いた豆を取っておき、「後の日に、取り置きし豆を交せて打、其豆殻を焚、灰にしてふれば、油虫うせ候よしにて、此咒をいたし候」とあり、淡路国からの回答では豆を「一粒宛囲炉裏へ投込、猪の口・兎の口・蚤の口・蚊の口と唱て焼く。是は右の獣虫などを封る咒」と述べられている（『日本庶民生活史料集成〈第九巻〉』）。

いずれも節分の豆が、鬼を追い払うだけではなく、農作業に害をおよぼす虫や獣を追い払う力を持っているという感覚がうかがえる。

日本の最西端の沖縄県与那国島は、かつては三毛作が行われていたほど稲作に適した島である。当然、それにまつわる行事も伝えられ、そのサイクルも早い。旧暦の十一月を過ぎれば田植が行われ、二月には稲につく虫を追い払うためのムヌン（物忌み）が行われる。

与那国島ではムヌンは四回行われる。一回目は旧暦二月の庚辛の日に行われるカドムヌンであり、二回目は三月の壬癸の日に行われるツァバムヌン、三回目は四月の庚辛の日に行われるフームヌン、そして最後は五月の吉日を選んで行うドゥムヌムヌンである。

二回目と四回目のムヌンには虫や鼠を実際に捕らえて海に流すことが注目される。特にツァバムヌンは虫を入れた舟を作り、海に流してしまう。その間、集落の人々は浜で寝たふりをして、舟が流された後、「夜が明けたよー」と言われて、起きあがるといい、この行為をスデという。これには祓《はら》い清めの意味があるとされた（池間栄三『与那国の歴史』、岩瀬博ほか編『与那国島の昔話』）。儀礼的に虫を追い払うのではなく、実際に虫を送り出し、それは夜を仮構しての作業なのであった。

このムヌンには農作業のなかで害になる虫獣が、夜とも昼ともつかない境界の時間の中で追い払われるという意味を見出すことができる。こうした稲作の先進地帯での儀礼を念頭に近世の節分行事を改めて検討すると節分の豆には、虫送りや虫封じの意味があることが一層はっきりするように思われる。

節分の豆は農耕儀礼のさまざま歴史を考える手がかりなのである。

牛と釈迦如来像

仏教信仰と民俗との重なり合う領域が仏教民俗であり、仏教を意識的に排除した柳田國男の没後、急速に研究が進んだ領域でもある。その仏教民俗において、牛は大日如来と結びつけられていることが多く、馬が多く観音と結びつけられているのと好対照をなしている。

牛は交通、運搬に使役される時代が長く続いたことからか、あるいは日常の生活の中で身近な存在であったためか、寺院にまつわる伝説、縁起の類に登場することも多い。有名な「牛に引かれて善光寺参り」のような話はその代表と言えるだろう。

京都市右京区の清涼寺の釈迦如来像にも牛にまつわる縁起が伝えられている。『嵯峨清涼寺釈迦如来牛皮華鬘《けまん》縁起』によると、堀河天皇の准母であった安嘉門院の母が牛に生まれ変わって材木を引いていることが夢告によって明らかになった。安嘉門院はその牛を材木を引く作業から解放したが、再び釈迦如来が夢に現れてこう告げたという。「牛に生まれては其宿業を果し償ふてこそ其報尽て解脱をも得へけれ然るに汝母を孝養する思にて好食をあたへ養ひなばかへりて彼が罪まさりて畜身を離るゝ事難かるへし」。前世の業をつぐなうためには、母の生まれ変わりと分かっていても、牛として扱わなければならない、というのが釈迦の宣告であった。そこで仕方なく、また材木を引く身に戻された牛はやがて死んでしまった。その牛の皮で太鼓を作り、額の部分を用いて華鬘を作り、牛の姿を描いて本尊の厨子の前にかけることにしたという（略縁起研究会編『略縁起 資料と研究1』)。毎年三月十九日に御身拭の法会が行われるのは、この牛が死んだのがこの日であるというわれによる。現在のように四月十九日に行われるようになったのは明治以降の改変らしい。

御身拭というのは清凉寺の本尊である釈迦如来像を香湯に浸した布で拭い清める儀式であるが、この布をいただき、経帷子《きょうかたびら》(死者に着せる着物)にすると極楽往生できるという信仰があり、多くの信者が参詣することとなっている。もともとこの釈迦如来像は東大寺の奝然《ちょうねん》が宋から大蔵経とともに持ち伝えたものであった。それだけでもありがたいのに、さらにこの釈迦像はもともとは遠くインドで生身の釈迦の生き写しとして作られたものであった。この像を「生身釈迦」とも言うのはそうした事情を示している。

日本に渡ってきてからは、この清凉寺式の釈迦如来像が数多く模刻され、彫刻の歴史のなかでも一つのジャンルとなっている。この釈迦像を拝むことは遠くインドの釈迦を身近に感じることであった。ましてその身に触れた布には往生への大きな力が宿っているとされたのは自然なことであっただろう。

清凉寺に参詣する人びとは、貴賤を問わず、来世の安楽を願い、往生を祈った。そこには牛に生まれ変わる苦しみとそこからの解放を約束してくれる教えが、具体的なかたちで現れている。生活のなかの動物と仏教の教え、そしてその創始者であるところの釈迦の姿が御身拭のなかには集約されているのである。これは仏教が日本に根づいていく過程のひとこまでもあった。

みちのくの釈迦の誕生

四月八日は花祭である。釈迦の誕生を祝って寺院では灌仏会《かんぶつえ》が行われる。関東あたりまでの各地では春の花が咲きそろい、気温の上昇とともに伸びやかな気持ちになることが多い。

縁あって二十代の終わりからの九年間を私は青森県の津軽で過ごした。民俗学を学ぶものにとっては大変に恵まれた環境で、村境の路傍に地蔵が並び、旧家にはオシラ様のような東北独自の神霊が祀られていた。そうした神仏にまつわる伝承を尋ね、考えるためには東北、とりわけ津軽の風土は極めて良質であった。

その一方で耐え難いと思われたのは冬の寒さ、そして長さである。統計上はどうなのか確認してはいないが、おおむね十一月に入ると毎年、雪の心配が始まり、降雪は四月初めまで珍しいものではなくなる。関東に育った者にとって、この感覚に慣れるまでには時間がかかった。

そのかわり美しいのは春である。一斉に花が咲き誇り、冬の重苦しい雰囲気をはらいのけてくれる気がする。ただし、そうなるのは五月の声を聞く頃を待たねばならない。みちのくで灌仏会、花祭の時期を新暦で考えると、雪の中の行事であることは珍しくないのである。関東から移り住んだ私にとって、成長過程でしみついた感覚が津軽の季節感に修正されるまではそれなりの時間を要したことも懐かしい思い出である。今でも雪を「掘って」の春の彼岸行事などの報道に接すると、冬の長さと春ののびやかさとが新鮮に蘇ってくる。

同じ青森県でも下北半島まで行くと季節の進行、春の訪れは、さらにゆっくりとしている。東通村のある寺院――「テラコ」と呼ばれている――で面白い習俗にめぐりあったことがある。この寺院では木彫りの誕生仏と思われる小さな仏像が大切に祀られているのだが、どういうわけか、横たえられている。テラコを守る老媼《ろうおう》に理由を尋ねると、この仏さまは二月の涅槃会になるとお眠りになるといって横にされ、四月八日、すなわち誕生になると立てられるのだそうである。つまり、このテラコでは小さな仏像を操作することで釈迦の入滅と誕生とを意識しているのであった（拙稿「唱導文化の視点――サイノカワラと盆踊り」山田厳子編『青森県における仏教唱導空間の基礎的研究――図像・音声・身体』）。

これを仏教でいうところの涅槃会と灌仏会（誕生会）とを具体的に表現しているととらえるだけでは充分ではないだろう。なにやら冬眠を思わせるような木像の操作の背景には下北半島の長く重い冬の感覚がにじんでいる。釈迦像を横たえる時の冬の深まり、そして立てる時の春のうごめきのようなものを感じることが、この土地で生きるということではなかったか。そしてそれがインドに生まれた仏教が雪の中に根づくということでもあったのだろう。

季節は確実に巡って、春は訪れる。そうしたことへの信頼が、長い冬に耐えることを可能にする。北国の春はそうした経験の積み重ねの中にも在る。

初午と稲荷の神

正月から二月にかけて、さまざまな神仏のその年最初の縁日がやってくる。二月最初の午《うま》の日は稲荷の縁日である。京都伏見稲荷の神が降臨した日がこの初午の日であったことにちなむという。

稲荷はその文字が示すように稲作の神であり、その基盤である土地の神でもある。新たなに土地を切り開き、農地としていくにともなって各地で稲荷が祀られるようになったことは当然といえよう。

その一方で、稲荷の神使である狐を神そのものであるかのようにとらえることも多く、こちらの方が馴染みがある場合もあろう。民俗信仰のなかで稲荷は、狐の姿で人びとと関わるのであり、狐を単なる動物とするのではなく、何らかの神性を帯びた存在として観察する歴史も長かったことを示している。

稲荷は年を重ねた狐であり、その毛の色は真っ白であるといった伝承は全国各地にある。稲の神であるということから、田の神と重ねられて信仰されてきた場合も少なくない。福島県の相馬地方でも豊かな稲荷信仰の展開が見られるが、なかでも小高村の古小高大明神というのは白狐稲荷とも呼ばれていた。土地の神が、白狐であり、稲荷でもあるというのは稲作の成功に寄せる人びとの信仰の篤さをよく示している。宮田登は、稲荷信仰には狐そのものを神としてとらえる感覚が、田の神として稲荷を考えるようになる以前からあったのではないか、と示唆している（「地域社会と稲荷信仰」『山と里の信仰史』）。

稲荷は日常の生活のなかでなじみ深く、いわば隣人のように遇される存在であった。それだけに地域の行事のなかに組み込まれており、懐かしい記憶の構成要素ともなっている。

静岡県熱海市の伊豆山地区では、昭和の初め頃は初午が子どもたちの行事として盛んに行われていた。子どもたちは家々で作った色とりどりの幣束《へいそく》を稲荷の祠のまわりに飾り立て、小屋を作り、お参りする大人たちが供えたものを受け取り、行事が終わると分け合って食べたりした。また子どもたちが、大きな旅館の稲荷にお参りすると菓子が貰えたりしたという。

興味深いのは、この初午に用いた幣束は七夕までとっておいて、子どもたちはこれを手に持ち、濡らさないようにして海で泳ぐ習慣になっていたことである。子どもたちの行事として春先の初午から夏の七夕までが一続きのものであったことがわかる。

日本各地には壮麗な大社の稲荷も少なくないが、屋敷などの片隅にひっそりと祀られている稲荷の数もまた膨大である。そしてそうした稲荷の数々に寄せられてきた人びとの祈りを考えることが、庶民信仰の歴史を考えることへとつながっている。

一つ目小僧が来る日

一つ目小僧とはその名の通り、目が一つしかない妖怪である。その場合、目の位置がどこになるかが問題となる。額の真ん中にらんらんと光る大きな目というのが近世あたりから広がった絵画によるイメージである。

しかし、実は片目だけが何らかの理由で強調されたのがこの妖怪の本来のイメージではないか、というのが民俗学の見解である。その理由としては、神事のために飼っていた生け贄の標識として片目を潰すような習慣がかつてはあったのではないか、という説や、鍛冶など目を酷使する職業に対する印象が展開したのだろうとする説などがある。いずれにしてもその場合は、通常の両目のどちらか一方が欠けている姿を想定すればよい。

このような妖怪の起源もしくは原像への探求は研究の醍醐味の一つであるが、妖怪という伝承が提起する問題はそれだけではない。妖怪のなかには時を定めて訪れるとされるものがあり、その背景には起源論だけではない問題が隠されている。

東京から神奈川にかけての丘陵地帯の農村ではコト八日という特殊な日取りに関する伝承がかつては濃厚に伝えられていた。この日には一つ目小僧がやって来るというのである。コト八日とは、十二月八日と二月八日をさし、一方をコトはじめとし、残りをコトおさめと解することが多いのだが、全国的にみると、どちらとも一定せず、地方によっては逆転している場合も少なくない。共通しているのは、何らかの神霊を祀る日であって、かなり強烈に物忌みをするべきであるという感覚があったという点である。

その神霊のイメージ、さらには物忌みとして家のなかで心静かに過ごす、という感覚がカミを畏れる感覚につながり、さらには恐ろしいものを想像して一つ目小僧という妖怪がやってくるのだというように変化していったのである。つまり多摩丘陵の一つ目小僧の伝承はそうしたコト八日の物忌み感覚が妖怪化したものといえる。人びとの感覚が妖怪のかたちで伝えられてきたのである。

興味深いのは、そうしたコト八日をめぐる伝承としては一つ目小僧以外に、山梨県南都留郡鳴沢村などでは三つ目小僧が来るといっていたし、北関東では広くダイマナグが来るのだという場合が多かった（土橋里木「こと八日と山の神」『民間伝承』十四巻六号）。ダイマナグというのは大きな目という意味で、つまり、この日には目の妖怪が想像されたのである。

一つにしろ、三つにしろ、巨大であるにしろ、そこに共通するのは目に対する何らかの畏れの感情である。コト八日の妖怪が目にまつわって想像される背景には、この妖怪を撃退するために竹で編んだ目籠を屋外に吊す、という農村の行事内容があるとされる。しかし籠の編み目と目に特徴のある妖怪とのことばの上での対応ばかりではなく、生命あるものの目に対する形容しがたい感覚も無視できないだろう。

「目は口ほどにものを言う」と言い習わされている。確かにことばは発しないものの、感情は目にも宿ることがある。コト八日の一つ目小僧はそうした目をめぐる感覚の果てに造形されたとも言えるだろう。

雛人形と淡島信仰

三月三日は雛祭りであり、きらびやかな雛人形を飾って女児の健やかな成長を願う行事として広く知られている。早春の陽射しのなかでの一年ぶりの雛人形との再会は、その間の子どもの成長とあいまって特別の感慨を覚える人も多いだろう。

人形を民俗学の立場で考えると、「にんぎょう」ではなく、「ひとがた」ということになる。季節の節目に人間の姿をかたどって、それにさまざまな穢れや災厄を移し、除去することで生活全般の無事をはかるのであって、雛人形も、もともとはそうした祓いの儀礼のなかから生まれたものととらえられている。

今日では高価な人形を流すことなど、思いもよらないが、各地の民俗行事には流すことを基本とした雛の行事をいくつも見出すことができる。そうした古風を伝えると思われる流し雛としては、和歌山市加太の淡島神社の行事が有名で、全国各地から役割を終えた雛人形に限らず、さまざまな人形が供養のために集まることで知られている。戦後は昭和二十六年以降に復活して、現在では多くの見物客がつめかける。

もともと淡島の神は、粟島とも書き、女性を病から救う神として信仰されてきた。それ以外にも多様な民間の祈願がこの神には寄せられていて、近世になると淡島願人《がんにん》と呼ばれる独特の姿の宗教家が、この淡島の神徳を広めたらしく、その活動とともに雛人形を流すという行事もかなり広がっていったものと推察されている（大島建彦「淡島神社の信仰」『疫神とその周辺』）。

例えば流し雛として有名なものに鳥取県用瀬町《もちがせちょう》の雛送りがある。これを詳細に調査研究した坂田友宏によれば、鳥取県下ではこの行事は千代川流域を中心に広がっており、もともとは鳥取城下の人びとによって始められたものが近世の後半に農村にまで広がっていった可能性が強いという。そしてこうした行事の成立にも「アワシマさん」と呼ばれた淡島願人の活動があったことが推測されている（「因幡の雛送り〈流し雛〉」『神・鬼・墓――因幡・伯耆の民俗学研究』）。

なお春以外の時期にも人形を飾る行事がある。このことは、ひとがたに託した生活の中の祈りが、美しい人形の鑑賞へと移り変わっていく過程を示すものと考えることができる。「後の雛」という季語は、秋の重陽に雛人形を飾ることをさしていて、これを「菊雛」とも言い、主として上方で行われていた。

彼岸の太陽

春分もしくは秋分を中心とする前後三日間を彼岸とし、特に法会《ほうえ》を行うのは、平安時代からのことで、そうした行事を生み出す感覚はさらに古く遡ると考えられている。民俗学では、この頃になると気候が穏やかになり、仏事を行うのに適した環境となることを重視している。

彼岸の中日には太陽が真東から出て真西に沈み、阿弥陀如来の浄土が最も近づく日だともいい、こうした考えから寺院などで彼岸会を修する習慣が長く育まれてきた。折口信夫は「雛祭りとお彼岸」(『折口信夫全集〈第十七巻〉』)で、もともと春分に近い春の日に野遊びや山籠もりをする風習があった、と推察している。こうした風習は一方で雛祭りの源流でもあり、この時期にわざわざ野外に出かけることは、日常の暮らしと距離を置くことを意味しており、古くは物忌みの意味があったというのである。

自然の運行、四季の推移によって屋内から屋外へと人間の活動の範囲が広がり、農作業も本格化していく。日本人を見守る神仏はあくまでもそうした生活の場に即したかたちで意識され、伝えられてきたのである。

兵庫県の加東郡、美嚢《みのう》郡あたりでは、彼岸の最中に老女たちが、午前中は東に向かって歩き、午後になると西に向かって歩く習慣がかつてはあり、これを東に歩くときは「ヒムカエ」、西に歩くときには「ヒオクリ」と称していた。こうすると身体が丈夫になるというが、明らかにこの時期の太陽を拝もうという感覚が現れている。素朴な太陽への信仰をここから読みとることができるだろう。

北関東地方では、彼岸の時期に「天道念仏」あるいは「天念仏」と称して、屋外に松や竹で棚を作り、大日如来をはじめとする諸仏を祀る。この基底には太陽を祀ろうとする感覚をうかがうことができる。また出羽三山信仰が盛んであった地域に濃厚に残っているため、山岳にその根拠を持つ修験道や密教の影響のもとに生まれ、伝えられてきた行事であろうとも推測されている。

彼岸とそれに付随する霊魂供養の儀礼や行事は全国に広く分布し、民俗化した仏教の典型のひとつとされている。彼岸の時期になると念仏が修され、それに伴って鳴らされる鉦《かね》の音が寒気の薄らいだ里に響いたものであった。

大阪の四天王寺はこの時期になると参詣者で賑わいを見せる。聖徳太子によって開かれたとされる古寺であるが、現在でも日常的に庶民の参詣、崇拝が盛んであることはよく知られている。ここで彼岸の中日に行われる法会を時正会といい、近世には融通念仏会とも呼ばれていたらしい。この日は四天王寺西門から入り日を拝む日想観の日でもあり、法会とともに阿弥陀如来への結縁をなそうとするものであった。

意外なことに、おそらく中世から連綿と繰り返されてきたこうした行事の記録はほとんど残されていない。このことは、こうした行事が正規の僧侶よりも、聖《ひじり》と呼ばれ念仏をひたすら広めようとした半僧半俗の宗教者たちによって支えられ、伝えられていたことを示すのだろうと西瀬英紀は看破している（「四天王寺——彼岸会のころ」『仏教行事歳時記〈三月〉彼岸』）。

こうした彼岸の行事を民俗的なものと仏教的なものとを隔てなく見ていくと、太陽に対する信仰に仏教のさまざまな観念が結びつき、民俗として展開してきたことがうかがえる。彼岸の時期、昇る朝日に大日如来を想起し、沈んでいく夕日に阿弥陀如来の面影を見出そうとしたのは僧侶だけではなかっただろう。そこに庶民の素朴な信仰と生活の積み重ねがあったのである。

十三参りと虚空蔵菩薩

十三参りとは、「智恵詣」とも言われ、智恵の仏であるところの虚空蔵菩薩に参詣して、広大無辺の智恵を授けてもらおうとする行事である。

虚空蔵菩薩の縁日は十三日で、三月から五月にかけての毎月十三日は、参詣者で境内は大賑わいとなる。関西ではとりわけ京都嵐山の法輪寺が名高い。この寺の十三参りは、子どもたちが、初めて本裁ち（大人の着物と同じ裁ち方）の着物を来て参詣するところから、俗に「衣装比べ」と受け取るむきもあったようである。親たちにとっては長年の養育によってようやく大人びた横顔を見せるようになった子どもの姿は感慨深いものがあっただろう。

虚空蔵菩薩という仏は、それほど日常的ではないかもしれないが、人間の成長の過程で、この仏がつかさどるとされる福徳に期待することは多い。まず、十三歳という年は、大人への入り口であり、最初の厄年と考える場合もあった。また虚空蔵菩薩は智恵をつかさどるということから、就学、進学にあたってこの仏の加護を期待するのはもっともであろう。

さらに開運や授福の利益も忘れてはならない。いわば、この世における幸福につながるさまざまな要素と深い結びつきをこの仏は持っているのである。

十三参りが行われる寺院は全国に少なくないが、俗に三大虚空蔵と言われて、多くの参詣者が集まるのは、先に述べた京都の法輪寺に加えて、茨城県東海村の虚空蔵堂、福島県柳津町の円蔵寺である。

東海村の虚空蔵堂はかつては日高寺と称し、真言宗に属していた。日光寺と書いていた時期もあったらしい。柳津の円蔵寺は弘法大師が中国から持ち帰った霊木が只見川に流れていたのを土地の者が拾い上げたのがきっかけとなって刻まれた虚空蔵菩薩を本尊とするという縁起がある。こうした由来や縁起には真言宗が地方に広がっていく過程が投影されていると解することができる。

虚空蔵菩薩信仰の体系的な考察を民俗行事にも注意しながら進めた佐野賢治は、この信仰の流布と展開には修験者が関わる場合が多かったことを指摘している（『虚空蔵菩薩信仰の研究』）。特に山形県置賜《おきたま》地方をはじめとする地域では「高い山」と呼ばれる行事があって、盆地を取り囲む小高い山に春先に登ると運が開けるなどと言っていたことに注意を促している。これは、このあたりの修験、すなわち山伏たちが、虚空蔵菩薩の信仰に民俗的な山の神や田の神の信仰を重ねたものと考えられる。季節の移り変わりに即した素朴な民俗的信仰と異国からもたらされた仏教の菩薩との、出会いと融合の姿なのである。

こうした仏教の日本的な展開と、民俗信仰のさまざまな要素がどのように関係するかを考える視点が仏教民俗学の基本的な態度であるが、それによってこうした虚空蔵菩薩信仰をようやく位置づけることができる。このことは民俗研究上の大きな問題であるとともに、仏教と民衆との接点を葬儀などのいわゆる葬式仏教としてのみとらえることの限界を示してもいるだろう。

世試し桜

高知県梼原《ゆすはら》村に世試し桜という桜の古木がある。この地の古老、松浦繁雄氏(昭和三年生まれ)によれば、桜の花の咲き具合によって、近隣の農家の人びとはその年の作物の出来を判断したそうで、上の枝は比較的高いところに植える黍や大豆、小豆など、中の枝は水田の出来を、下の枝は低い土地に植える作物の出来具合を示すとされ、かつては四月下旬になると、この世試し桜の花の様子を見ようと多くの人がつめかけたという。

田畑の作物の出来不出来は農業に携わる人びとにとっては大きな関心事であった。こうした植物によって、作物の出来を占い、あるいは農作業の目安とする民俗は、日本全国に残されている。文字によって暦が広く共有されるのとは別のレベルのこうした自然暦は、厳密な計算によって作成され、全国共通のものである暦に対して、比較的限られた地域の生活経験から導き出されたものであるから、それだけに具体的で、暮らしに密着したものであった。

いわば自然暦は、日本人が季節の推移となりわいの順序をどのような見方でとらえていたかを示すものでもある。きわめて実践的な自然観察そして利用のありかたといってもよいだろう。

川口孫治郎の遺著『自然暦』はこうした経験則を集大成した古典として民俗研究上、重視されてきた。その中から桜に関する知識をいくつか拾い上げてみよう。鳥取県八頭郡では、「山桜が咲いたら麻を蒔かにゃならぬ」というが、鹿児島県甑島《こしきしま》では「桜の花の散る頃鰤が多く漁れる」といい、和歌山県西牟婁《にしむろ》郡有田付近では、「八重桜の蕾が出来かけたらマグロが来る」といった具合に、海中の魚の動きさえも桜の花の観察と結びつけていたことが分かる。

山口県の周防大島では「鯨の花見」という言い方もあった。この地では桜の花盛りの頃に沖合に鯨が来遊することが常であったことから、このように言ったものらしい。海中の鯨も桜の花をめでるであろうという見立てはなんとも微笑ましい。

自然暦では、桜ではない樹木をあえて桜と呼ぶ場合もある。秋田県鹿角郡では辛夷《こぶし》を「田打ち桜」あるいは「田植桜」と呼び慣わしていて、この花が開く時期が田を打ち始め、農作業が本格化する時期であることを伝えている。四国では山桜の開花は甘藷の苗の植えつけと結びつけられていた。愛媛県北宇和あたりで「山桜が咲くと甘藷の種をふせよ」と言っていたのはこのことをさす。

こうした伝承によると改めて日本列島の東西の長さ、そこに展開する季節の推移の多様性に思いを馳せることができる。さらにそれらが伝えられていくなかで、表現としても、いつのまにか洗練されていく。文芸とは言えないながらも、日本語表現の可能性の一端ということができるかもしれない。

入学今昔――天神信仰の一側面

春は別れの季節であり、同時にまた出会いの季節でもある。大人になるということはそれを幾度かくぐり抜けることでもあるのだが、はじめて学校に入学するという時は、それぞれの人生にただ一度だけのことであり、それを緊張しながら経験すること、そしてその姿を見守ることは特別の感慨があるだろう。

初等段階の教育は現代の日本では、国が設定した学校で行われることになっており、それを疑うことはまずないといっていい。しかし、前近代の教育が私塾や寺子屋によって担われていたことはもう少し思い起こされてもいいことのように思われる。義務や強制、画一的なカリキュラムとは異なる学びの「場」がそこにはあった。

そうしたかつての教育において庶民の勉学は、寺子屋を中心におこなわれることが多かった。全国至るところに寺子屋が存在し、世の中で生きていくための知識や技術がそこで習得された。学校制度の成立によって、きれいさっぱりとぬぐい去られたようにそうした前近代の教育の「場」は失われ、忘却されてしまったのだが、民俗調査の途次で、ぽつんと残された筆子塚などに出会うことがある。筆子とは文字を書くことを習った子どもたちのことである。そうした教え子たちが師匠を顕彰するために造立したのが筆子塚で、そこに刻まれている文字をたどっていると、かつての学び舎の喧噪と師に対する感謝の思いとが追体験できるような気もするのである。

こうした寺子屋では学問の神、書道の神として天神が祀られていることが多かった。寺子屋と天神信仰との関わりを広く調査した高橋俊乗の「寺子屋における天満天神の信仰」(村山修一編『天神信仰』)によると、もともとは寺院で広く尊崇されていた天神が、寺子屋での修学に際しても崇敬されるようになったもので、そのため、寺子屋では天神の祭日である毎月二十五日は、休日になっていた場合が多く、そうでなくても天神を祀るために通常の勉学を休止して天神の社に全員で参詣する習慣になっている場合もあった。

さらに、寺子屋における信仰だけが原因ではないだろうが、かつては子どもたちの講として、広く天神講が存在していた。字が上手になることを祈願して習字の清書を奉納することも多かったが、近隣の天神社を全て参拝し、野山で遊ぶことが目的のようになっている場合もあった。天神への信仰が、こうした子どもの集団的な行動の契機にもなっていたことも現代ではたどりにくい、かすかな記憶になってしまっている。

歴史的に興味深いのは、天神、すなわち菅原道真が能筆であったということを示す同時代の史料はなく、院政期から鎌倉時代にかけて、道真を書聖として弘法大師空海や小野道風と並ぶ存在であったとする伝承が形成されていったらしいことである。後の天神信仰の核となった『北野根本縁起』などでも道真を空海、道風に並ぶ筆の上手として位置づけている。菅原道真が天神として神格化されていく過程で、こうした伝承が付加されるようになったと推測されているのである。

もともとは恐ろしい祟り神であった天神が、子どもたちの修学を見守り、そのシンボルとも目標ともされるようになっていくのは、見方を変えれば、子どもの世界にも学問の厳しさや尊さが浸透していったということになるだろう。そこには学ぶことで成長していく喜びと感謝の念も伴っていたに違いない。日本の教育の「場」の長い歴史を天神への信仰を糸口に顧みることもできるのである。

春のゆらめき

ふらここ、あるいは鞦韆、秋千とも書き、「しゅうせん」と読む――といってすぐにブランコのことだとわかるのは、俳句のたしなみのある人に限られてしまうかもしれない。そしてわかってしまえば、この子ども時代に男女を問わずに楽しんだあの感覚が蘇る人も多いだろう。季語としては春に配され、これもなんとなくわかるような気がする。

古代ギリシアにはブランコの起源を語る説話がある。葡萄酒の製法を酒神であるバッカスから教えられたイカリオスはこれを人々に振る舞っていたが、酒の酔いを毒を盛られたのだと勘違いした男によって殺されてしまった。イカリオスの娘のエリゴーネはそれを悲しんで木に縄をかけ、首を吊って死んでしまう。これがブランコの起こりで、エリゴーネの真似をすれば、悲劇のうちに死んだ霊魂を慰め、罪が贖《あがな》われるというのである。

実際はギリシアで祭りに際して、木に縄をかけてブランコに乗る習俗があったことから逆にこうした悲壮な伝説が生まれたのかもしれない。妙齢の婦女子がブランコに乗る習慣がギリシアには広くあったらしい。

このギリシアの説話をはじめ、世界各地のブランコの歴史を考察したのは、京都帝国大学で西洋史の教鞭をとった原勝郎の「鞦韆考」(『日本中世史』)である。原はこのギリシアの伝説を手はじめに、ローマを経由してヨーロッパ世界へ広がったルート、さらにはそれとは逆のルートをたどった中国への伝播について、文献を博捜して論じている。

原によると中国にブランコが伝わったのは、北方からの移入らしく、唐の時代になると、日中のみならず、夜間に月光のもとで行われたことが詩にうたわれているという。若い女性がブランコにゆられる姿が春の夜の雰囲気にふさわしいと評されている。

日本の文献にブランコが登場するのは平安時代の初期のことで、やまとことばでは「ゆさはり」といったらしい。この遊び以前の遊びのような行為が日本文化のなかでどういった意味を持ったのかはよくわからない。「ゆさはり」と鞦韆とが全く同じものだったのか、あるいは、本来は異なるものが結びつけられたのか、記録はほとんどなく、想像することすら難しい。

南九州の民俗行事のなかには、ブランコが登場するものがある。小野重朗の『十五夜綱引の研究』によれば、鹿児島県川内市西方浜では、かつて大正の頃、五月の節供に女の子たちが集まって「ブラサンゴ」をした。浜辺に船の帆柱を立て、藁縄を合わせた綱をかけて、晴れ着で乗ったという。そこへ男の子たちが押しかけて綱を切ってしまう。女の子は砂の上に落ちるが、別の縄でまた続けるという。男の子はまた来て、これを切ることをくり返したのだという。これをブラサンゴと呼ぶらしい。この綱は神社に納めておき、八月十五夜の綱引きに用いることになっていた。同じような五月の行事としてのブランコは奄美の喜界島の小野津、沖縄宮古島の狩俣にもあり、いずれも女子がその中心であった。これらを調査した小野はこうしたブランコの民俗の基底に、海辺での乙女たちによる水神の祭祀を想定している。そして、ここでのブランコの縄は、水神としての龍蛇なのではないか、と推察するのである。

同じようなブランコが福島県の会津地方でもかすかに残されていた。同県会津美里町上平では正月に「ぶらんこ縄」といって長さ二、三〇メートルの大縄でブランコを作り、村の入り口に設置した。子ども用には別の小さなものを用意したという。村から嫁に出た女性が正月に里帰りする際には、必ずこのブランコに乗り、ご祝儀を出したという。このブランコの縄は十五日のサイノカミの際に燃やしてしまう。この行事は平成二十年まで続けられていたが、過疎化のため中止となった（石本敏也「ぶらんこ縄と正月行事――福島県大沼郡会津美里町上平」『西郊民俗』二一三〇号）。

時期はいささか異なるものの、ブランコという遊戯にも似た古い習俗が我々の暮らしのなかに伝えられていたことがわかる。そして、その伝統は広くユーラシア大陸ともつながっているのである。ブランコのゆらめきは歴史のうねりともつながっている。

登山の原像

山に宿る神霊は簡明に「山の神」と呼ばれることが多いが、その性格は実に多様である。これまでに明らかにされてきた山の神の性質のうち、興味深いのは、季節によって移動するという考え方が、全国各地にかなり広く存在することである。すなわち、山の神は冬の間、山に宿っているが、春になると田に降りてきて、田の神となり、秋の収穫が終わると再び山に戻っていく、というのである。

こうした伝承にはもちろん地域ごとにバリエーションがあって、九州では山ワロという妖怪が春になると山から下りてきて川ワロ、すなわち河童となり、秋が深まるとまた山に帰っていくと言うし、東北では農神さまが天に登り、雪神さまと交代するのだ、などと言うところもある。実際の神霊の移動が目に見えるわけではないから、季節の推移や働く場所の変化によって、われわれ人間を見守ってくれるはずの神霊もついてきてくれるに違いないといった信頼が、こうした感覚の奥底にあるものと思われる。

山に宿るとされる神霊はつまるところ、そうした人間生活の反映であるともいえるだろう。ただ、こうした日常の生活の投影としてとらえるだけでは、充分に説明できない性質も伝えられている場合がある。

そうした問題のひとつとして、南奥羽地方の福島県や山形県の里に程近い山をハヤマと称することが注意されている。これは漢字を端山、葉山などとあてることがあるが、広く普通名詞として用いられて生活のなかにとけ込んでいる。先に述べた田と山とを行き来する神霊が宿るのは峻厳な高峰ではなく、こうした里を臨むことができる小高い場所であった。そしてその神霊は山の神や田の神という性格だけではなく、この里にかつて暮らした先祖の人々の魂が浄化されて山に宿っているのだと解されていた。つまり、ハヤマは生者だけのものではなく、あの世との交流の場であり、祖霊の宿る場所でもあった。

こうした死者の記憶と山とが結びつき、やがては深山の玄妙な地に「この世」の地獄を想定するようになっていく。そこには山を生活の場とするよりも、修行の場としてきた僧侶や山伏の活躍があった。山の奥深くまで分け入ることはそうした宗教的な情熱に支えられたものであっただろう。

ハヤマの信仰を包括的に調査し、検討を加えた岩崎敏夫は、そうしたプロセスが、四月八日を縁日とする薬師如来への信仰と重なり合っていることを指摘している。福島県の阿武隈山系のハヤマや岩手県の葉山もしくは羽山と呼ばれる山々には多く薬師如来が祀られているのである（「東北のハヤマとモリノヤマの考察」『東北民間信仰の研究〈上巻〉』）。そして春先の一定の時期になると、里の人びとは仕事を休み、わざわざこうした山に登ることを繰り返してきた。ハヤマ周辺にはそうした山遊びを目的とする行事が、かつてはいくつも伝えられていたのである。前近代の日本の登山とはそうした信仰にもとづく行為であって、決してスポーツではなかった。そこには、春の訪れとともに、一年の生活の安寧を祈り、作物の豊かな稔りを期待する感情が伴っていたのである。

山の神の日

山の神については、その正体や淵源に関してあまりに多くの伝承があって、はっきりと見定めることができない。少なくとも、神道でコノハナサクヤヒメとかオオヤマツミノミコトに比定する以上に民間の山の神信仰は多岐にわたる展開を遂げている。

例えば、中山徳太郎・青木重孝による『佐渡年中行事〈増補版〉』によれば、新潟県佐渡の山の神の日は大部分が二月九日であったが、八日とするところもあり、四日とか、二十八日とする場合もあった。旧暦であることを考えると、ちょうど春先のごく早い時期に山の神を祀る日取りが設定されていたことになる。

山の神の祭日は、東北をはじめとする東日本では十二日とする地域が多く、関東では十七日とする場合も少なくない。北陸では九日とすることが多く、東海から中部、さらに近畿地方の南部では七日である場合が多い。近畿では広く三日であるのに対して中国地方では九日とする地域が大部分である。四国は、九日、七日が多いが、十九日の宵からが山の神祭りだとする地域もある。九州ではかなり多様であるが、十五日もしくは十六日とすることが目立つという（堀田吉雄『山の神信仰の研究〈増補改訂版〉』）。

このように祭日が日本各地でまちまちなのも、この神が古くから広い地域でそれぞれ独自に信仰され、さらにその変遷があったことを示しているのだろう。山の神とは、山という空間を人々がどのように利用し、そこにどういった霊威を感じていたかを示すものと言えそうである。

先に触れた佐渡では山の神について興味深い伝承が伴っていた。それはこうした山の神の日には、山に行くことが広く禁じられており、その理由として、山の神が弓を射る日なので、その音を聞くと死ぬ、とか、山に行くと矢じりが落ちているなどと言っていたことである。まるで、この日に神が人間を標的にするかのような言い伝えであるが、その意図は、山という空間全体が、神祭りのための物忌みの状態になっていることを強調することにあったのであろう。

ただし、そうした禁忌の感覚を印象づけるために、どうして弓や的といった庶民には関係のない武具や武術を引き合いに出されるのかが気になるところである。東日本では山の神の日を十二日とするだけではなく、山の神そのものを「十二様」と呼んだり、十二人で山に入るのを嫌ったりする地域も多い。新潟県南魚沼郡では旧暦の二月十一日の夜に生木などで弓矢を作り、翌十二日の朝に十二様に奉納することになっていた（武田久吉『農村の年中行事』）。佐渡の山の神の日に関する伝承もそうした供物としての弓矢から、あたかも山の神が弓を射るかのように考えられたのかもしれない。

山の神を祀る際に弓矢のような武具を供物とするところは、今日ではそれほど多くはない。しかし、新潟や長野、群馬などではかつてはよく見られた。山の神には弓矢を供えるという感覚は、農耕ではなく、日常的に弓矢を使う生活のなかで育まれたものである可能性がある。すなわち、狩猟民の感覚がこうした山の神信仰の根底には流れているということができよう。山の神という神格の形成には狩猟をなりわいとする人々の意識が取り込まれていることが、こうした供物や禁忌の伝承からはうかがえるのである。また一方で、すでに述べたように、春になると山の神が田の神となって里に下りてくるとか、農神と交代するなどという伝承も広く聞かれる。自然の移り変わり、生業の変化あるいは複合に伴って、それらを見守る神の性格も変化するという理解を、さらに深めていく必要があるだろう。

夏の章

端午の節供とその由来

五月五日は端午の節供で、男の子の健やかな成長を願って鯉幟や武者人形の飾りが話題となる。全国的に見られる行事であり、柏餅や粽《ちまき》の味や香りとともに懐かしく思う人も多いだろう。

ただし、この行事には民俗学的には立ち止まっておくべきことがいくつかあって懐かしいだけではすまないのである。

まず、節供か、あるいは節句か、という表記の問題だが、古くは節供と書いたので、意味の上からも、節供と書くのが正しいというのが民俗学の見解である。江戸時代に幕府が儀礼の日として、五節句を定めた頃から、節供を節句と書くようになったのだとされ、本来は「節」目となる日に、ふだんとは異なる御馳走が「供」されるという意味であるから、「節供」なのだというわけである（柳田國男『年中行事覚書』）。もちろんこの御馳走というのは、人間に供されるのではなく、節目の日に祀られる神霊に対するものであった。

特定の日の神祭りが、複雑な祭儀のあれこれによって表現されるのではなく、日常の暮らしとは異なる特別の食事を作ることで表現されるのだという見方は民俗学にとって重要なものである。そしてその場合、供物に祀られる神霊の性格が投影されているとも考えられる。そうした観点からすると、幟《のぼり》を立てることは神霊を招く感覚とどこかつながるものであるとともに、わざわざ柏の葉に餅を包むことも、五月の時期に意識される神霊を改めて捉え直していく手がかりになりそうである。

また、五月五日は男の子のための節供であるという点にも注意が必要である。

この五月の節供は男性ではなく、本来、女性が中心になるべきものであったという見方がある。それは五月四日の晩から、蓬《よもぎ》や菖蒲《しょうぶ》を家の軒にさしたり、屋内でそれらを小屋のようにしつらえる風が関西や中国地方に古くは広く行われており、これを「女の宿」とか「女の天下」などと称していたことからの推測である。

五月に祀られる神霊は田植えの作業と関連があり、田仕事を見守る神霊を祀るのは女性の役目であったとも解されている（「葺籠り考」『高崎正秀著作集〈第七巻〉』ほか）。

　そうした古代的な感覚とは別に、五月の節供で尊重される蓬や菖蒲の効能を説き伝えるために、いくつかの昔話が蓬と菖蒲に結びつけられている。もっとも広く知られているのは「食わず女房」と題される話で、極めて少食の女を嫁にもらった男がいて、ある日、女の正体が化け物であったことに気づく。女は男をさらおうとするが、男は途中で逃げ出す。女は男を執拗に追いかけるが、とうとう最後に蓬や菖蒲の生い茂った中に隠れることで男は難を逃れるという筋書きである。それによって五月の節供には蓬と菖蒲で邪気をはらうのだという説明になっている。

　よく考えてみると、この話における蓬や菖蒲の効能はとってつけたようであり、本来的に昔話と不可分のものとは思われない。その証拠に青森県津軽地方では、五月の節供に蓬と菖蒲を用いる理由として、山姥に追われた小僧が隠れたのが蓬や菖蒲の茂みであったという語り口になる場合が多い。これは昔話の話型としては「三枚のお札」と呼ばれるものである。

　おそらく、こうした昔話とは別に蓬や菖蒲に邪悪なものを追い払う力があるという信仰があり、昔話は後から結びつけて語られるようになったのだと考えられる。その契機やきっかけがどういったものであったのかを考えることが、節供の民俗と歴史を探ることにつながっていくのである。

休日の民俗的起源

春から初夏への時期にゴールデンウィークと称する連続した休日が設定されることは、すっかり日本社会に定着した感がある。新年度の気ぜわしさや慌ただしさも一段落して、入学、進学した子どもたちや若者たちも新しい環境にふさわしい顔つきになり、行動もそれらしいものになっていく時期でもある。

梅や桜にはじまる開花のたよりも、この頃にはさまざまな花が咲き競うかのような状態になり、やがて花が咲いているのが当たり前になっていくようだ。民俗学的には五月の節供が田植えにさしかかる時期の行事として重視されるのだが、ここでは、休日そのものの問題として少し考えてみよう。

民俗学では、ふだんの仕事を休むということは、単なる休息や娯楽の要求を満たすという意味ではないことが指摘されてきた。仕事を休むのは神仏を祀るという意味があるのであった。従って休日の問題は、祭りの問題に他ならないというわけである。しかし、働いているのでなければ、祭りをしているというとらえかたはいささか極端に過ぎるかもしれない。激しい労働の日々が連続すれば、祭りの準備どころではなく、本当に体を休める期間が必要になるのは、今も昔も変わらないだろう。

具体的な神仏を祀るのではなくても、何らかの超自然の存在を意識したり、それに祈願をするということは広く行われてきたことであった。林魁一が「労力移動と休日の数例」と題して岐阜県近辺の報告をしている。そのなかで村や組単位で田植えが終わると、「農《のう》休《やすみ》」と称して休業になるが、岐阜県稲葉郡の旧北長森村ではこの日に太鼓を打てば地に響いて作物がよく成長すると言っていたという（『民間伝承』十巻五号）。休日であっても作物の稔りを気にかけていたことがうかがえ興味深い。

太鼓は民俗文化のなかでさまざまな場面に用いられるが、田畑の病害虫を追い払うために用いられる場合も少なくなかった。大森恵子は「太鼓の呪力――虫送りと御霊信仰」（『念仏芸能と御霊信仰』）と題した論考のなかで、日本各地の史資料を博捜した上で、虫送りに使用される太鼓は、祟りをなす虫の姿となった御霊を鎮める呪具であったと結論づけている。かつての生活のなかでは太鼓は単なる楽器ではなかったことが、先の林の報告とともに理解できる。

田植えが一段落したあとの祝宴を「サナブリ」と称する地域は広いが、どれも単なる休日ではなく、豊作のために人や牛馬までも総動員しての労働に続いて、神仏への働きかけをしていたと考えるべきだろう。肉体と精神とをともに生産力の向上のために捧げていたのである。

青々とした苗が田一面に広がる風景は、長期間にわたった労働の成果に豊作への祈りが加わる空間である。そこには確かに夏の成長、そして秋の収穫への期待がある。そうした休み日は、今日の気ぜわしい娯楽追求の休日とは異なる静かな次の季節への準備でもあったように思われる。

曾我の涙雨

五月二十八日は「曾我の涙雨」とか「虎が雨」といって、この日には必ず雨が降るという伝承が各地に伝えられていた。さしずめ、降雨の特異日といったところだが、鎌倉時代初めの曾我兄弟の仇討ちに結びつけられている点が面白い。

　仇討ちなどといったことがずいぶんと縁遠いことのように思われるようになったのは良いことなのかもしれないが、文芸や演劇の世界ではこうした故事来歴をふまえていなければならないことはいうまでもない。学校で習う歴史とは少し異なる、こうした挿話や事件の積み重ねが情緒や感動の母胎であり、父祖からの感覚の継承としても大きな意味を持っていたことを忘れてはならないだろう。

　実際に曾我兄弟が父の仇の工藤祐経を討ったのは五月二十八日の夜、激しい雷雨の中であったらしい。兄の十郎はその場で討ち取られ、弟の五郎も捕らえられるのだが、兄弟にとっては本懐を遂げた喜びの涙でもあっただろうか。「虎が雨」というのは十郎の恋人であった大磯の虎という遊女が流したであろう涙に結びつけての言い方である。

　そうした史実の一方で、毎年必ず雨が降ると信じられたというと、民俗学の範疇に入ってくる。この問題を扱った大藤時彦の「虎が雨」（『日本民俗学の研究』）によれば、必ず雨が降る、という伝承は、雨が降ることを望み、期待したことを意味するという。水が大量に必要な田植の時期に降雨を求めるのは、稲作を軸とした生活では当然のことであった。つまり、曾我兄弟の故事と結びつけられる以前に、この頃、稲作の成功を祈る心意があったと推測されるのである。

雨は実際の稲作に不可欠であるだけではなく、神霊の世界とも関わりを持っていた。大藤は、諸国の寺社の祭礼には決まって雨が降るという伝承が少なくないことにも注意している。晴れ渡る空のもとに、にぎやかに祭礼が行われるのが良い、というのが現代的な感覚であろうが、古くは雨が降ることで神が人間の祭りを受け入れたしるしとされていた時期があったらしい。降雨は祭りの成功を示すものでもあったのである。そうした感覚が薄れていくことで、祭りの雨だけが取り沙汰されていったのではないだろうか。

親もとから離れて千葉県市川市で少年時代を過ごした歌手のさだまさしが当時の情景を歌った「木根川橋」（『夢供養』、一九七九年）には「木根川薬師の植木市の日には／今でも必ず雨が降りますか」という歌詞がある。これも祭りに際しての雨の伝承が都会の人々の間で語られていたことを示すものと言えそうである。

各地に伝えられている祭礼や行事における天候の伝承は、気候の変化のなかにも神仏の意志を読みとる繊細な感覚から生まれたもののようである。伝承は風土とも結びついて生まれ、成長していくのである。

六月の氷と雪

汗ばむ陽気になり、毛糸で編んだ衣服などを箪笥の奥にしまい、衣更えがおこなわれる。そうした時期に氷や雪にまつわる故実や伝承があることは日本の年中行事の性質を考える上で面白いことだと思われる。

旧暦の六月一日を氷の朔日《ついたち》とか氷室の節供というのは、かつて宮中で氷室の氷を下賜する行事があったことによる。江戸幕府でもこの日に諸大名が将軍に氷餅を献上することになっていたという。宮中や武家の儀礼としても長い伝統がある。

一方、各地に伝えられてきた六月一日の行事は、北陸地方では「鬼の牙」とか「鬼朔日」などと称し、正月の期間に搗《つ》いた餅をとっておいて、固くなったものをこの日に食べるというものであった。正月が再び訪れるというか、半年の時間が過ぎたところで、年頭の節目を想起する行事ということになる。山陰地方ではこの日を「麦神楽」といい、麦の収穫を意識していたらしい。行事と農耕とのかかわりの観点からは麦の収穫を感謝する意味合いもあったようである。

ユニークなのは、岩手をはじめとする東北地方一帯でこの日のことを「剥け節供」と言っていたことである。蛇が脱皮する日だとか、人間の皮も剥け替わる日とされていたのである。これは衣更えの比喩ともとらえられるだろうが、生命力の更新の感覚がこの日に集約されているとすれば、かなり重要な節目であったということにもなる。

六月一日の朝に家の前で火を焚き、家族がその火にあたると病気にかからないといった行事が、かつては埼玉県で行われていた。これを「尻あぶり」などと言った。東松山市の岩殿観音の周辺では、昔、坂上田村麻呂が悪龍を退治するために観音に祈願したところ、雪が降り、それにより龍の居場所を知って討ち取ることができたと伝えていた。そして不意の大雪のために凍える兵士たちを暖めるために、この日に火を焚くようになったのだと言われていた。

この伝説を分析した常光徹は、行事が英雄の活躍に結びついていることを語り伝えることで、歴史を追体験し、地域の人びとの連帯感を深める意味合いがあっただろうと指摘している（「伝説と年中行事――田村麻呂の悪竜退治をめぐって」『学校の怪談――口承文芸の展開と位相』）。

雪や氷はどうしても冬を思い出させる。その冬の中に新しい年が訪れ、新たな時間が始まる。半年が過ぎてそうした記憶が薄れかけた時に、行事として氷や雪を意識して思い出すわけで、そこには氷や雪の白さ、清新さに、なにがしかの力のようなものを感じていた名残もあるように思われる。

アイスクリームやシャーベットといった氷菓子を手軽に賞味しながら、こうした年中行事の不思議さに想いを馳せる時間があってもよいかもしれない。

災厄とのつきあい

天候不順や病虫害など、農業にはさまざまな障害とその要因があり、それらをどう防ぎ、被害を最小限に食い止めるかが大きな課題であることは今も昔も変わらない。かつては夏にさしかかる時期に、各地でそうした災厄を追い払おうとする意図の行事や祭りが行われてきた。

初夏になると北関東の各地では「ギオン」とか「テンノウサン」と呼ばれる行事が盛んに行われていた。ギオンは祇園であり、テンノウサンは天王さんである。どちらも祇園社の祭神である牛頭《ごず》天王を親しみをこめて呼ぶ言い方である。御輿《みこし》を担ぎ出し、村はずれや、海や川のほとりまで賑やかに巡行するのが、この行事の大まかな姿であるが、そこには田畑の病虫害や流行病などの災厄を、強力な神の力で追い払ってもらいたいという願望が見え隠れしている。牛頭天王が神道ではスサノヲに付会されるのも、荒々しい神格という点で共通するものがあるからに違いない。

茨城県一帯では六月にはこうしたギオンやテンノウサンの祭りが各地で行われていた。県内の年中行事を広く見渡した今瀬文也の『季節の習俗〈中巻〉』によると、行方《なめがた》郡麻生町蔵川では六月十四、十五日、十王町黒坂は六月七日、つくば市島名は十五、十六日、岩井市辺田《へた》は十五日から二十四日まで、波崎町の明神町は十五日、結城市小塙《こばな》では十一日から十八日、古河市中田町は七日から十五日といった具合に県内のどこかの町や村で、御輿が出ていた。

その多くは、単に御輿が巡行するだけではなく、特別に調理した饅頭や赤飯が供えられ、村のはずれなどで厄災を追い出し、二度と戻ってこないようにという祈祷が行われた。こうした素朴な祭りも、遥かに源流を遡れば、京都八坂神社の祇園祭とつながるのであろう。しかし、そうした起源とは関係なく、農村の初夏を飾る彩りであり、子どもたちの大きな楽しみであった。

災厄を祓い除けるために、人びとはさまざまな神仏に対して祈願を寄せたのだが、そういった神仏は民俗研究では強い力を持つ御霊《ごりょう》とされることが多い。そうした御霊はきちんと祀ればいいが、祀りを怠ると恐ろしい災厄をもたらすと信じられていた。農作物の健やかな成長を祈るこの時期は、御霊を祀る季節でもあった。農作業と直接結びつかない町場や都会においても華やかな祭礼が夏を本格的に迎える前に行われるのは、そうした御霊信仰の発現と解していいだろう。

より直接的に病害虫を送り出す行事として虫送りを行う地方も少なくない。特に西日本では、「実盛送り」とか「実盛さん」と称して、田植などが済んだあと、藁などで「実盛」と呼ばれる人形を作って、それを村の外へ賑やかに送り出すことが広く行われた。この場合のサネモリは、害虫を連れ去る力を持つとか、害虫そのものの総称であるとされてきた。「実盛」とは源平合戦の時の老将、斎藤別当実盛であると言われるが、田植に関する民俗にはサオトメ（田植に従事する女性）やサナブリ（田植の後の祝宴）、あるいはサンバイ（田の神）のように、サの音が稲作をめぐる神霊と結びついているという見解もあって、戦場に散った老将を御霊のように考えることに拍車をかけたと考えられている。

実在の人物もやがてはこうした民俗的な心意に取り込まれ、行事のなかに受け継がれていく。そうした神霊観は宗教とはやや異なる素朴な行事や祭礼の伝承のなかに生き続けているのである。

牛頭天王と河童

本格的な夏を迎えようとする時期に神社などでは祓《はら》いの行事が行われる。日々の暮らしのなかでいつの間にか染みついたさまざまな悪しきケガレを清め祓って、健全な心身を取り戻そうとする行為である。そこには日常の迷いや悩みさえも消し去りたいという感情が込められる場合もあるだろう。

一般に水の力で清めることを禊《みそぎ》といい、それ以外に人形などの形代《かたしろ》を用いるものを祓と称するようである。さらに疫病などの流行を抑えてくれる神仏への祈願が盛んに行われるのもこの時期の特長と言えるだろう。

青森県八戸市を流れる馬淵《まべち》川と新井田《にいだ》川の周辺では、メドチと呼ばれる河童の伝承がさまざまなかたちで語られていた。なかでも昭和十一年八月十五日から二十二日にかけて地元新聞『奥南新報』に掲載された神代渓水《かこみ》の「めどつの話」では、この地方の河童が「天王様の子で年神様の兄である」と言われていたことを記録しており興味深い。

天王様というのは牛頭天王をさし、京都の八坂や愛知の津島に祀られている病除けに霊験あらたかとされてきた神のことであろうし、年神というのは正月になると迎えられる神霊である。これらの神々と河童とが、どうして結びつけられるのかが問題となる。神代の報告によれば、年神は末っ子であまりのさばるので、正月にだけ祀られるようになり、メドチはずるいので天王様に川に投げられて、それから川に住むようになった、という。なにやら人間の家族めいた説明がなされていたのも面白いが、両者の上位に牛頭天王を位置づけていることから、これらの神霊を統御する力を牛頭天王に期待していたことがうかがえる。

メドチは胡瓜が好きで、この地方では、初なりの胡瓜はメドチに供えるとして、川や堰に投げ入れることになっていた。その次に天王様に供えて、最後に人間たちが口にしたという。投げ込むというのはずいぶん荒っぽい行為のようだが、自然のなかに宿る神霊に対する敬意の表明のしかたが変化し、残ったものであったのかもしれない。

供物が共通していることも、牛頭天王と河童との間に何らかの親縁関係を考えるようになった理由であろう。また河童が妖怪視されるようになる以前は、水の神としての要素があったことが、これまでも繰り返し指摘されている。禊や祓によって疫病の流行を鎮める神と素朴な水の神霊とが結びつき、その際に具体的な祭りや社殿を持ち、信仰を広める人びとがいた牛頭天王の方が、自然神の展開である河童よりも上位のものと捉えられるようになっていったのではないだろうか。「河童は天王様の子」という不思議な伝承は、こうした民俗世界の神々が歩んできた道筋を示している。

夜の水音

梅雨が過ぎ、汗ばむ頃になると、涼しい夜半になってから洗濯をしても、明け方までにはすっかり乾いてしまうようになる。あるいはかつての農作業が幾重にも人々の手仕事にのしかかっていた時代の夏の農繁期には、昼間のうちに洗濯をするゆとりなどない場合も少なくなかっただろう。

夜半に水音を立てて衣類を洗うのは、生活に追われてのことだから、涼味一辺倒ではなく、気ぜわしく、また、気だるさとも無縁とは言えない。明るい日の光が満ちている昼間の洗濯とは異なった情感がそこにはある。

民俗研究では、夜の間の奇妙な水音は人間以外の何者かが、わざと発するのだとする伝承に注意がはらわれてきた。「信州諏訪の狸と狢」と題された有賀恭一の報告によると、上諏訪のある老人が晩に町に用達に出かけようとすると、先立って小僧が前を歩いている。暗いのに、その小僧が着ている着物の縞柄や履き物がはっきりと見える。「小僧、どこへ行くや」と声をかけると返事もなく、姿が消えてしまった。老人が町から戻ってくると、小僧が消えたあたりで、小豆を洗うようなシャキ、シャキという音が聞こえた。この老人は自分が普段から狢《たぬき》や狢《むじな》の類をいじめるので仕返しされたのだろうと話したという(『郷土研究』七巻三号)。

同じ信州北安曇郡小谷郷にあるかつての神城村佐野坂近くの古い杉木立のあたりでは、その名も「小豆洗い」が「砂投げ」とともに出ると言われていた。小豆洗いでも出そうな薄気味の悪いところを子どもが通るとき、バタバタッと一気に駆け抜けようとするので、自分の草履の砂がかかるのだ、と説明する人もあったが、その正体は狢であると考える人の方が多かったようである（小池直太郎『小谷口碑集』）。

小豆洗いの正体は狢ではなくてヒキガエルであるという伝承もあった。福島県下ではヒキガエルが背中と背中をすり合わせると、その疣《いぼ》がすれ合って小豆を洗うような音を発するのだと考えられていた（蒲生明「妖怪名彙」『民間伝承』四巻二号）。いかにもヒキガエルの疣は音を発しそうなかたちをしているが、実際に背中をこすり合わせるようなことはないだろう。

夜間に水際で奇妙な音を聞くことがあり、それは「小豆洗い」と呼ばれ、人間を惑わそうとする狢や蛙の仕業だと信じられてきた。さらにその奥底には、その水音は他の何物でもなく、小豆を洗ったり、といだりしている音なのだと信じられてきた。人智で解釈できない不思議な音を小豆に結びつけた心意は、今では説明できないのである。

かろうじて、小豆そのものがハレの日の食材であり、めでたい儀式や行事に際して、米と一緒に炊いて、ほのかな赤みを付け加えてきた伝統との関連が想起される。小豆を洗う音は、ハレの日を迎えるための音に他ならない。「小豆洗い」という妖怪めいた言い方以前には、ふだんと異なる行事や儀礼とそれを見守る神霊に対する鋭敏な感覚があったのではないだろうか。

こうした音とそれにまつわる伝承には、不気味なだけではなく、長い時間のなかで織り込まれてきた、ハレを形作る感覚が脈打っていると言えるだろう。

川狩の話――山のエビス神

近年は耳にしなくなったことばに「川狩」がある。川で魚を捕ることで、川漁と書いた方が通りがいいかもしれない。川での漁は、海でのそれと異なり、漁をする空間が限られていたり、対象となる魚の種類が決まっていたりするために、その方法は多彩で、中には海ではもう行われなくなった漁法が残っている場合もあった。

素手で魚を捕らえたり、流れをせき止めたり、あるいは魚を麻痺させる毒流しなどといった方法もあった。網での漁もさまざまなものが行われてきたが、特徴的なのは筌《うけ》といって竹や木の枝を編み上げ、魚類が中に入ると出られない筒状のものを用いる漁である。これは広く各地で行われていた。この筌漁を少年時代の思い出として懐かしく語る古老は少なくない。

川に潜って魚をとらえる漁法もかつては行われており、名人と呼ばれる人が一定の地域のなかには必ずいたものである。そうした人は魚の習性を熟知し、その動きを先読みすることに長けていた。

新潟県北魚沼郡入広瀬村でかつて行われていた川潜り漁についての聞き書きが、「川潜り漁のこと」と題されて『西郊民俗』三十九号に掲載されている。筆者の最上孝敬によれば、この漁は大体、七月二十日頃、コアゲ（蚕《こ》上げ）と呼ばれる養蚕の終了後、平石川の水が温かくなった頃から行われたという。褌《ふんどし》一つで片手にカギ、もう片手に石を抱いて淵に潜り、仰向けになって上を通るマスをひっかけてとるというスタイルで漁が行われた。真夏でも身体が冷え切ってしまい、水から上がると川原の岩にへばりついて温まったり、オカマワリという役目の仲間が流木などを集めて焚いてくれる焚き火にあたったりしたという。

その際の昼食に石汁という料理が作られることもあった。これは曲木細工の弁当箱のふたに水と味噌と捕ったマスの切り身とネギなどの野菜を刻んだものを入れ、焚き火で焼いた石をその中に何回かに分けて放り込むと、やがて熱い汁が出来上がるというもので、鍋などを用いない独特の調理の方法である。

入広瀬村の大白川ではこうした川潜りで捕ったマスは参加者の頭割りで分配されたという。ただし、はじめて川潜りに参加してマスをひっかけた者は、マスの背びれと尾ひれとの中間にある小さなひれから後ろの尾の部分をもらって、自分の家のエビス様に供えたという。山村のエビス神はこうした供物によって祀られていたのである。

注目したいのは、こうした川潜り漁を盛んに行っていたこの地域は、シシ狩りと呼ばれる熊をはじめとする狩猟も盛んであったことで、山間部の畑仕事の傍らで漁や猟をすることで生活を組み立てていたという点である。民俗文化はこうした多彩な生業の組み合わせのなかで生み出され、育まれてきたのである。そうしたダイナミズムにも想いを寄せておきたい。

蚕の姫

かつての農村で蚕を飼って繭をとることは重要な副業であり、現金収入の途《みち》であった。年に二回、場合によっては五回も蚕を育てる忙しい生活が近代の農村には広く見られた。

蚕を飼うためには専用の空間を設けるのではなく、母屋や屋根裏を利用する場合も多かった。その場合、あたかも人間が蚕に追い出されるかのようなかたちになったので、蚕なども呼び捨てにはせず「オコ（蚕）サマ」と呼び慣わしたものであった。またオコサマに充分に桑の葉を与えるには桑畑を整え、大量の桑を蚕室に運び入れなければならない。農作業と重なると寝る暇もない忙しさであったという。

忘れてはならないのはこうした蚕養の作業の多くが女性の仕事とされていたことで、蚕の出来の善し悪しが時には嫁の評価につながることさえあったという。板橋春夫の『カイコと暮らし』は主として群馬県下の養蚕の習俗に広く目配りした好著であるが、その中には、桑摘み唄として「蚕上手な嫁ごをもらい、細い身上《しんしょ》も太縞」といった歌詞が紹介されている。こうした唄は桑摘みの作業に際して歌われたもので、睡魔に耐え、激しい労働に従事するなかでの慰めや励ましの意味合いがあった。

蚕は四回の脱皮を繰り返したのちに糸を吐いて繭を作り始める。脱皮の前には「眠」とか「休み」と呼ばれる状態になり、桑を食べるのをやめ、動かなくなる。一般にそれを「初眠」「二眠」「三眠」「四眠」という。茨城県の蚕影山《こかげさん》神社の縁起では、蚕の前世は天竺の姫君であって、継母によって虐げられて山に何度も捨てられ、それでも生き延びたために最後にはうつぼ舟――内部が空洞になっている舟――に乗せられて海に流された、と説かれている。その舟は茨城の浜に流れ着くが、姫はそこで亡くなってしまい、虫に変じたのだと言う。そして蚕が成長の過程で四回眠るのは、前世の姫の苦しみを繰り返したどっているのだと説明する。

奇妙な物語であるが、中世に広くもてはやされた神仏の前世は人間であり、尋常ならざる苦しみを経て転生するという本地譚のパターンが、蚕という虫にあてはめられている。この縁起は蚕の健やかな成長を守るとされた蚕影山の信仰とともにさまざまに語り広められたらしい。

江戸時代の常識百科とでもいうべき井沢蟠竜《ばんりょう》の『広益俗説弁』の附編（享保四年・一七一九刊）第三十六には「蚕食の始の説」として「俗説に云、欽明天皇の御宇、天竺旧仲国霖夷大王の女子を金色女といふ。継母にくみて、うつほぶねにのせてながすに、日本常陸国豊良湊につく。所の漁人ひろいたすけしに、程なく姫病死し、其霊化して蚕となる。是、日本にて蚕食の始なり」と記されている。近世にもこの説話が広く知られていたことがうかがえる。

中勘助の『銀の匙〈後編〉』は大正二年（一九一三）に執筆されたものだが、その第八章には主人公が蚕を育てるシーンがある。そこでは主人公の伯母が「お蚕様はもとお姫様だった」と教えたことになっており、さらに「お姫様は四たびめの禅定から出たのちにはからだもすきとおるほど清浄になり、桑の葉さえたべずにとみこうみして入寂の場所をもとめる。それをそうっと繭棚にうつすとほどよいところに身をすえ、しずかに首をうごかして自分の姿をかくすために白い几帳を織りはじめる」と描写されている。

『銀の匙』は子どもの瑞々しい感性を叙情的に記した名作と評されるが、ここでは、中世以来の民俗信仰の知識が効果的に用いられているのである。蚕を育てるという作業のなかで、その習性に女性の面影をあてはめることと、実際に養蚕の作業の多くが女性によって担われてきた現実とは、互いに響き合うものであったに違いない。

ウナギをめぐる神と仏

夏の土用の頃になるとウナギの話題で持ちきりとなる。どこの店で食べるか、調理方法、盛りつけ方、天然ものと養殖ものとの比較など、話の種には事欠かない。そのなかで歴史的な関心もあって、土用の丑の日にウナギを食べるというのがもてはやされるようになったのは、江戸時代に奇才、平賀源内が鰻屋に頼まれて考え出した結果だという解説がある。夏の土用と記したのは、本来、土用は四季にあり、それぞれ立春、立夏、立秋、立冬の前の十八日間をさすからである。現代では夏の土用の、しかも丑の日だけが話題になることが多い。もともと各地の夏の土用には暑さで弱った体を休め、滋養のあるものを食べるという慣習があり、ウナギはその一つに過ぎない、という見方もできるだろう。

古く中世には土用に蒜実（ニンニクの実）を水で呑む慣習があったことが記録されており（『蔗軒日録』文明十八年〈一四八六〉六月十一日条）、最近でも山梨県富士吉田市新倉では、精がつくものなら何でも良いとして、馬肉、豚肉などを食べることがあった（富士吉田市史編さん室編『新倉の民俗』）。地方ごとに違いはあれ、土用餅をはじめとする特別の食品が作られるのが、民俗的な土用の行事であった。ウナギはそうした慣習のなかから長い年月をかけて選ばれた食材なのかもしれない。

ウナギが滋養のあることは古くから知られていたが、その一方でウナギを神仏の使い、あるいは神仏そのものとして崇め、決して食べないとする地域もあったことは注意しておかねばならない。仏教においては虚空蔵菩薩信仰のなかで、ウナギをお使いだと信じて食べないという言い伝えは各地にあった。虚空蔵菩薩は丑年の守護神であるから、そこから丑年生まれの者は生涯、ウナギを食べてはいけないという教えを頑なに奉じている場合も少なくなかった。

さらに東北地方の一部ではウンナンとかウナン、あるいはウナネという神が祀られている場合がある。この神に対する信仰に注目した早川孝太郎によると、虚空蔵菩薩への信仰と重なる場合も多いが、それだけでは説明できない要素もあるという。早川が昭和十二年の岩手県遠野で出会った古老は、「ウンナンサマという神は、全て湧水を求めて祀るものだ」という言い伝えを聞き覚えていたという。水中または泥の中で生き、時には何年も生命を保っているウナギの性質に強い霊威を認めていたことが、こうした神の形成の根底にあるものと思われる（早川孝太郎「鰻と水の神」『農と祭』、『早川孝太郎全集〈第八巻〉』）。そうした観念が、仏教の虚空蔵菩薩の信仰とも結びついて発展したと言えるだろう。

いよいよ、夏の日差しが強くなる時期にさしかかって、こうした水の世界の霊妙な力を伝えるウナギと土用の関係について思いを致してみたい。さらに、ウナギに限らず、人々の愉しみとなっていた夏ならではの伝統的な地域の料理を思い起こしたいものである。

ハゲン爺さん

夏に向かう時期の節目として半夏生《はんげしょう》という暦注（暦の上での節目）は、さまざまな伝承を生み出してきた。夏至から数えて十一日目をこのように呼ぶのだが、田植えの区切りであるとともに麦の収穫を終える時期でもあった。「半夏半作」と言い習わされてきたのは、この時期の農作業の遅れは秋の収穫に影響を与えるという長年の経験を端的に表すものであろう。

香川県下で丁寧な民俗調査と研究とを重ねた細川敏太郎は、この暦注が節供に劣らないさまざまなハレの感覚を伴う節目であったことに注目している（「半夏生」『讃岐の民俗誌』）。それによると半夏生には、ハゲダンゴと称する小麦のダンゴを作ったり、うどんを食べて祝っていたという。四国のうどんと言えば、近年でも名高いが、民俗的には夏に向かう時期にどうしても食べなければならないものであったらしい。

細川は、半夏生だけではなく、土用の入りにもうどんを食べるという慣習について、これを食べておくと、夏病みしないと言われていることも指摘している。夏の激しい農作業に向けての栄養補給の意味合いもあったと思われる。さらに「半夏の毒流し」といって、半夏生には毒が降るといったいささか謎めいた伝承もあった。半夏生の前夜に井戸に蓋をしたり、南天の葉を投げ入れたりする習慣は、農作業の節目としての半夏生の行事を、いっそう改まった敬虔な気持ちで迎えるためのものであったらしいと推測されている。

東京都から山梨県にかけても半夏生に関する伝承がさまざまに伝えられており、なかでも東京都檜原村では、「ハゲン爺さんという作物を作るのが大変上手な人がいたが、婆さんが弁当を畑に持って行くのを忘れたために畑で飢えて死んでしまった」という話が残されている（増田昭子「檜原村の麦作り」『粟と稗の食文化』）。暦上の節目の呼称が人名となっている点が面白い。作物を作るのが上手だというのは、農耕が長年の経験の積み重ねを活かすことによって発達してきたことを擬人化して表現しているのであろう。半夏生という暦注に「ハゲン爺さん」という老人のイメージが付与されていることも同じように説明できる。民俗文化における老人とは単に年老いた存在ではなく、長期間にわたる経験の代名詞なのであった。

関東での半夏生を老人のようにとらえる感覚と比較したくなるのが、岩手県北地方で広く知られていた南部絵暦の図柄である。これはかつては「めくら暦」と呼ばれ、文字を解さない人びとにも暦の知識を伝えるために絵や記号でさまざまな暦注を表現したものであるとされる。この中でも農事の区切りとして半夏生が取り入れられており、その図柄は禿頭の老人であった。半夏生をハンゲと略し、さらにハゲ、即ち禿げにつなげたのである。南部絵暦はそうした機知や語呂合わせに満ちたものである。

みちのくの絵暦の中の老人と関東のハゲン爺さんとは偶然の一致かもしれないが、民俗文化の想像力とその背景を考える場合には立ち止まる価値のある伝承の暗合といえるだろう。

旱と水神

あらゆる生命の根源が水とかかわっているのだが、どういうわけか、雨が降らず、動植物が炎天を仰ぎ、ひたすら水を乞う天候となる場合がある。

とりわけ農業のさまざまな場面では水が欠かせない。かつての農村では雨乞いを集団で行う場合が多く、雨が降るように遠隔地の寺社に村を代表して参詣し、祈祷をしてもらうことは珍しくなかった。

愛知県北設楽郡の設楽民俗研究会の雑誌『設楽』十七号（一九三〇年）には、この地方の雨乞いの様子が数多く報告されている。三輪村では明治十二、三年頃、旱《ひでり》が一ヶ月以上も続くようだと村境で盛んに念仏を行い、大数珠を回した。それでも雨が降らないと、近隣の集落の人々と一緒に明神山という山に鉦《かね》や太鼓を持って行き、そこで念仏をした、という（永江土岐次「奈根の雨乞」）。

御殿村では、作手村から「おつぼ様」を迎えてきた。おつぼ様というのはタニシのことで、殻に青い苔がついた古い大きなものであった。五升入りの注連《しめ》をはった手桶に一升ほど水を入れ、毎日その水を取り替えて祈願をしたという（西林喜久男「雨乞い祈念の行事」）。このおつぼ様は無事、雨が降るとお返ししなければならないが、その時には、必ず一つ増やして返すのが決まりとなっていた（岡田松三郎「設楽の雨乞」）。タニシは河川や水田に広く生息するが、どういうわけか、水神に類した存在あるいは水そのもののシンボルと考えられることが多かったのである。

北設楽郡あたりでは、白鳥山の山頂に登り、そこで踊りを踊って雨乞いをすることも盛んに行われた。山頂の近くには「ヌタバ」と呼ばれる池とも沼ともつかない場所があり、いよいよ雨が降らない場合は、その水を汲み出すと雨になると言われていた。実際に何度も成功し、無事に降雨をみたことがあったという。

旱が続くのは、水をつかさどる神が何らかのタタリを発しているのであり、それを慰めるか、時には、さらに水を乏しくし、神威の発現を期待することで、降雨を乞い願ったのである。周囲に水を撒いたり、火を焚くことで天候に影響を及ぼそうとする場合もあった。雨乞いは自然観察とそれに基づいた神霊への働きかけという二つの性質を帯びたものであった。

滋賀県東近江市の永源寺町高木では、村の東南に「水神さん」と呼ばれる大きな森があり、その中には沼があって傍らには祠が設けられている。しかし、その祠の中には御神体はなく、沼の中に沈んでいるのだという。そして雨乞いをする場合には「水神さんにあがってもらう」と称して水の中から取り上げるのだという。その際に水神さんの御神体を見ることは固く禁じられており、暗闇の中で菰《こも》などに包んで引き上げることになっていた。

この様相を調査した高谷重夫は、池や沼、あるいは淵や泉といった場所に本来、水神が意識されており、そうした神霊が宿るという水中の石や木を、雨乞いに際して引き上げ、丁寧に祀ろうとするのは自然な感情であると論じている（『雨乞習俗の研究』）。ふだんは意識されずに、姿を隠している存在が、人々の生活の危機にあたって出現するというのが、民俗における伝統的な神霊観であった。旱に際しての雨乞いは、臨時のものではあるが、そこには古くからの神を祀る方法をうかがうことができるのであった。

四万六千日と観音信仰

特定の日に神仏に参詣すると通常の何倍もの結縁が可能になるという効率のよい観念がある。著名なものに、関東では東京の浅草寺の四万六千日、関西では大阪の四天王寺の千日参りが挙げられる。

浅草寺の四万六千日は七月十日とされている。近世の風俗を詳細に記した『守貞謾稿〈近世風俗志〉』巻二十七には「昔は諸所観音に詣す。今は浅草にのみ大群詣す」と記されている。大都市江戸のなかで、庶民信仰の人気が浅草寺に集中していったらしいことがうかがえる。同書には、文化の頃（一八〇三〜一八年）より、境内で赤いとうもろこしを売り出し、これを買って天井に挟むと、雷を免れるまじないになるという俗信があったことも記されている。

四天王寺の千日参りは「千日詣」とも言われ、八月九日から十日の行事となっている。観音が開帳されている六時堂に参詣し、厄除けの札を受ける場合もある。近世には七月十日、十六日ともに千日参りと呼ばれていたという（野堀正雄「千日参り」『仏教行事歳時記〈八月〉万燈』）。

こうした信仰のなかで日数に深い意味や理由はなく、ただ恩沢《おんたく》を一層多く受けられる日という感覚を大きな数で表現してきたようである。あるいは日常の時間の流れのなかで、特定の節目となる日があって、その日の天候や気象が来る年あるいは、以後、数ヶ月の予兆である、という民俗的な思考がなにがしかの影響を与えているのかもしれない。

このように一日の参詣で多くの恩沢を得ようとする感覚は、計算高いようであるが、一方でそれだけ観音に寄せる信仰が熱烈であることの表れともいえる。観音菩薩に対する信仰は古代から現代に至るまで連綿と続いている。全国至るところに観音は祀られ、その変幻自在な姿と多様な祈願を受け止める利益の広大さは、地蔵と並んで日本人の生活の一部ともなっている。

観音は古くからさまざまな神々と習合し、水神や龍神などと重なり合うかたちで人々に意識されることが多かった。琵琶湖の竹生島には女神が祀られているが、この女神は島に造立された観音像が光り輝くのと一緒に光を放ったという。また日光山の縁起においては、開山した勝道上人は千手観音の申し子として生まれたが、中禅寺湖で神の示現を願うと現れたのは白蛇であったとされている。さらに伊豆の走湯《そうとう》権現の、その名の通り、走るがごとくほとばしる湯の本地仏は千手観音であり、湯の沸き出す地底には赤と白の二匹の龍が横たわっているとされた。こうした縁起を分析した網野房子は、自然と重なり合った観音のイメージがその初期の段階の特徴であると指摘している（「観音イメージの変容――寺社縁起・説話における観音の諸相」『社会人類学年報』十五号）。

網野は続けて、時代が下るにつれて、観音のイメージが自然そのものを反映した時には荒々しいものから、慈母を連想させる穏やかなものに変化していく、と述べている。それは自然現象の媒介から、より人間社会に観音が寄り添っていく過程を示唆しているのかもしれない。

観音との濃厚な結縁を期待する四万六千日や千日参りは、観音信仰が都市化し、また多様な俗信も抱え込んでいく、さらに新しい傾向なのかもしれない。そこには自然への畏敬や慈悲への期待といった簡明なことばではまとめきれない多種多様な願望が見いだせるのであり、そこに観音信仰の長い歴史のひとつの帰結を見いだすことができるだろう。

秋の章

七夕と盆と星と

民俗学では七夕は盆行事の始まりであるとされ、場所によっては、ナノカボンという言い方もあるように一連の行事としてとらえることが多い。

全国的には、七夕は七月七日で、盆は八月の行事というとらえ方が多いだろうか。東京では盆は七月だから、同じ月、それも一週間以内に連続する行事ということになる。一方、盆は八月の行事とする土地も多く、そうすると七夕とは一月以上、間隔があいてしまうことになる。八月七日を旧暦の盆だとすれば落ち着くかもしれないが、行事が続きすぎて気ぜわしい感じがする人も今ではいるかもしれない。

これらは、われわれの暮らしのなかに、旧暦と新暦とがいまだに混じり合っていることからくる混乱である。それは明治六年に施行された太陽暦と長年培ってきた季節感との折り合いがつかないままであることに起因する。ある地方では新暦をそのまま受け入れて、七月に七夕も盆も行うのに、他の地方では季節感を重視して機械的に一月遅れで七夕も盆も八月の行事とする状態を生みだしているのである。

七夕は、正月と並ぶ年間の行事のなかでも重要な節目としてさまざまなしきたりが残されている期間でもある。

日本のみならず、世界中の星の神話や伝説を収集検討した野尻抱影は、幕末生まれの古老からこんな話を聞いている。「明治も十五、六年頃までは、玉川ぞいの村でも七夕を盛んにやったもンでさ。そして、あくる朝は、みんな笹竹を玉川に持ってって流すンで、そいつが川へひろがって、魚が逃げちまって、漁師が困ったもンでしたよ。…（中略）…下谷辺では不忍のへりに持ってってって立てたンで、竹林みてえに見えました。それをまた持ってって、お盆の生霊《しょうりょう》棚《だな》の竹に売る商人がいたもんです」（「悪星退散」『星と伝説』）。

東京でも七夕の笹竹流しが盛んに行われ、その竹が生霊（精霊）棚、すなわち、盆棚に転用されていたことが鮮やかに示されている。

盆は先祖の霊魂を祀る時間であるとともに、貴重な休みの時間であり、楽しみの行事でもあった。京都府丹後の由良の海岸部では盆踊りの唄として「もはや踊りもやめようじゃないか／天の河原が西東」と歌われていた。この唄を聞いた磯貝勇は由良の浜辺で踊られる盆踊りの中で、夜空の天の川の移動で夜が更けたことを知る唄であると述べている（「丹波・丹後の星」『丹波の話』）。

七夕に星を見上げてさまざまな言い伝えを思い出す感覚はそのまま、盆踊りの夜にまで続いていくことをうかがわせる。地上の暦の変転の一方で、夏空を見上げて星を観察する行為は昔からそれほど変わってはいないのかもしれない。

盆棚の牛馬

盆を迎えるための準備に心を砕くことは、今この世にいる人間との社交だけではなく、あの世の先祖との交流でもある。目には見えない、しかし、今の己自身と確実につながる魂の系譜を確かめる作業でもある。それははっきりとしたマニュアルがあるわけではないが、例えば、家ごとに繰り返されてきたやり方で盆の支度をすることで、静かに蘇っていく。

　その支度をするのは大人ばかりではない。子どもたちもさまざまな作業や手伝いをして盆行事を担っている。墓掃除に同行したり、盆提灯を組み立てたりするなかで、今は亡き肉親たちの思い出を語り合い、さらに、霊魂を迎える作法を身につけていく。行事はその準備の段階から始まっており、そのなかで生活の伝統がつなげられていく。

　盆の棚に畑でとれた胡瓜や茄子を供える習俗は広く行われているが、そのまま供物とするのではなく、脚や尻尾をつけて牛や馬に見立てることも多い。どこにどう脚を取り付ければ本物の牛馬に似せられるか、子どもたちの腕の見せどころという家庭も多かっただろう。

　盆行事のさまざまな要素は地域ごと、家ごとに多様な展開を遂げており、蓄積された資料も多い。そのためにかえってはっきりとした理論を導き出すことは難しい面もある。高谷重夫は『盆行事の民俗学的研究』にまとめられた一連の研究のなかで、そうした難題に取り組んでいる。盆棚に供えられる茄子や胡瓜の牛馬もそうした課題のひとつであった。

　高谷は「盆棚の牛馬」という論考で、盆棚や仏壇に飾られるこうした牛馬は、全国的に見られ、それらには盆に来る精霊の乗り物であるという伝承が伴うことが多いのを確認している。それだけではなく、盆の終わりにあたっては、あの世に供物を持ち帰ってもらうために荷を背負わせるのだという言い方も少なくない。こちらの方が本来の感覚ではないか、というのが高谷の見解であった。あの世との往来に、そしてこの世で子孫から受けた歓待の品々の象徴として、こうした茄子と胡瓜の牛馬が作られ続けてきた。

盆棚に供えられた畑からの収穫物の運搬に適した牛や馬を考え、収穫物のなかからそれに見合うかたちを作りやすい胡瓜や茄子が選ばれたとも考えられる。そこには単純に供えるだけではなく、もう一工夫して、先祖をもてなしたい、さらにはもてなしを少しでも長く継続させたい、という願いが込められてもいるようだ。

盆棚に供えられた胡瓜や茄子の牛馬は、先祖への歓待の感情をのせるために作られ続けてきた。身近に牛馬がいなくなってもそうした感覚が受け継がれている。かつての生活はこうしたかたちで記憶されているのである。

先祖との交流

盆は先祖を迎え、祀る伝統的な行事であるが、その祀りかたは地域ごと、家ごとにさまざまである。

「生身魂《いきみたま》」とか「生盆《いきぼん》」と呼ばれるのは、健在の親を饗応することで、仏事というよりも、長寿の祝いであり、家々の縁者たちが集まって和やかな時間を過ごす行事である。この時に食べる生魚を盆肴《ぼんざかな》といい、鯖などが用いられることが多い。

盆に戸外で竈《かまど》をしつらえて飯などを炊き、共同で飲食する風もかつては盛んであった。これを「盆竈《ぼんがま》」といい、地域によって「門飯《かどめし》」（三重県）、「御夏飯《おなつめし》」（愛媛県）、「川原飯」（静岡県）などさまざまな名称があった。盆に祀る先祖や精霊を新たに作った竈を使ってもてなす意義があったのであろう。

そうした先祖を迎え、もてなすやり方のなかでも興味深いのが、「野回り」とか「作回り」あるいは「仏様の田回り」と呼ばれるものである。これは茨城県龍ヶ崎市とその近郊で、盆の十五日の早朝に家の主人が、天候に関係なく蓑笠を身につけ、杖を持って田畑を回り、稲の穂や芋、豆を採ってきて仏前に供えるしきたりである。この行事に注目した小川直之は、この時の一家の主人の姿は先祖霊の化身としての意味を持っていると指摘している（「稲作儀礼の構成と地域性」『地域民俗論の展開』）。

ここには先祖から受け継いで耕している耕地を見せて、その様子を知ってもらうという心意がうかがえる。家の継承という観点から盆の行事を考えていく手がかりにもなるだろう。同時に盆の行事が先祖を意識しつつ、屋内だけではなく屋外も、その重要な場としていたことにも注意しておくべきである。

実は野回りは利根川流域の茨城・栃木・群馬・埼玉の平野部に広く伝承されており、千葉県内でも類似の習俗が確認されている。この行事の性格について広く検討した榎本直樹は、稲作に不可欠な田の水がかりの様子を夏の時期に気にする感覚が、こうした行事の根底にあることを示唆している（「盆における仏の野回り」『法政人類学』六十一、六十二号）。とすると、稲作という現実の生業活動から野回りという盆行事が生まれたことになる。ここでの先祖とは、子孫が汗を流す耕地にも想いを馳せてくれる存在として意識されているのだった。

盆行事に表れる先祖は、生死の区別も、日常と祭事の違いも乗り越えて子孫とともにある、そんな存在である。そこに生活の積み重ねから生まれる民俗文化の特質が集約されているということができるだろう。

地獄の釜の蓋

盆は死者の魂を迎え、さまざまに供え物をし、来し方を振り返る、そんな時間であるが、毎年の盆の始まりがいつなのかは、地域ごとに異なっている。新暦、旧暦それぞれの暦による違いだけではなく、実はそれぞれの地域の夏場の仕事にも影響を受けている。

東京の田無市や三鷹市、調布市では七月の末から八月のはじめに盆行事を行う習慣があり、かつては「勝手盆」とか「三十日盆」などと呼ばれていた。これは単純に暦の新旧によるのではなく、これら多摩地域における養蚕や麦作、のちには蔬菜《そさい》類の作業の日程との折り合いをつけるために、明治の末から昭和のはじめにかけて地域で話し合いをして盆の日取りを変更したのであった。特に養蚕が盛んな時代には晩秋蚕と呼ばれる段階と重なると、ゆっくりと盆をしているゆとりは全くなかったらしい（水野道子「北多摩における盆の日取り」『法政人類学』六十号)。

さらに、檀那寺の僧侶が家々を回り経をよむのを「棚経」とか「棚参り」というが、その都合をも考えると、多少は分散していた方が、檀家回りがこなしやすくなり、盆の日取りの変更は歓迎された面もあっただろうと思われる。

盆のような重要な行事の日取りが現世の子孫の都合で変化せざるを得なかったのは、行事を軽んじていたからではなかっただろう。夏の暑さのなか、目が回るような忙しさ、慌しさのなかで、盆をすませてしまうことの後ろめたさ、味気なさ、そして申し訳なさが、日取りを移して、落ち着いて何とか盆をしたい、という気持ちとあいまって工夫されたのだろう。子孫の都合で盆の行事を動かしてしまうのは勝手なようだが、それも家の繁栄を目指してのこと、先祖の霊魂も許してくれたに違いない。

さらに、各地の盆に関連する行事を広く見ると、七月の終わりや八月の初めに盆の始まりを告げるしきたりが少なくないことにも気づかされる。「盆路作り」とか「墓なぎ」というのは、墓と墓への道に茂る夏草を刈る作業をさし、新しいホトケを迎える家では庭に灯籠をしつらえるのもこの頃であった。

京都府舞鶴地方の盆行事の報告が『旅と伝説』(第七年七月・盆行事号)に浅井正雄によっ

て寄せられている。それによれば、八月一日（旧七月一日）には地獄の釜の蓋があき、亡者たちがこの世への旅に出発する、といい、仏前に団子を作って供えたという。長野県下伊那郡で「釜の口」、千葉県夷隅《いすみ》郡で「釜蓋朔日《ついたち》」といっていたのも同じ類の伝承であろう。

死者がこの世を目指すのは、いうまでもなく子孫が盆のしつらえをして待っていてくれると知ってのことであり、こうした伝承は、盆の始まりとそれを心がける子孫の心を示すものであった。まさに行事は日取りではなく、心である。

子どもと地蔵

盆は、新しい仏があれば、二十日盆、三十日盆と丁寧にほぼ一月かけて行われる場合があるが、上方ではその間に地蔵盆として二十三、二十四日に子どもたちが地蔵を祀る行事がある。

地蔵を祀ることは必ずしも夏のこの時期に限られているわけではないが、とりわけ、七〜八月の祭りが賑やかに行われるのは、やはりその名の通り、盆行事の一環としての意味合いがあるためであろう。

京都の地蔵盆は、普段は寺院や堂祠におさめてある地蔵を迎えて、きれいに飾り付け、読経や数珠回しを行い、さらに御詠歌をあげてまつるが、大人たちはあくまでも介添えで、主役は子どもたちである。一年以内に子どもが産まれた家庭からは、地蔵に新しいよだれかけを奉納するという習わしもあった。こうした行事を分析した石川純一郎は、よだれかけの奉納は産土神《うぶすな》への氏子入りにも相当し、新生児へ地域社会参加の承認を与える意味があると看破している（「盆と地蔵盆」『地蔵の世界』）。特に各町内で地蔵が祀られ、その祀り手が子どもであるという点が民俗学的には重要である。

一方、青森県津軽地方では、小さいうちに亡くなった子どもたちを供養するために地蔵を建立し、懇ろ《ねんご》に供養する習俗が盛んである。「オセンダク」と呼ばれる着物を作り、着せ替え、あるいは、お菓子を供えて祀るのは老婆たちであるが、そうした供養には子どもの存在が必ず意識されている。ここでは、作られた地蔵は不思議に死んだ子どもによく似てくる、などとも言われる。

日本の各地に祀られてきた地蔵の多くは、このように日常の祭祀のどこかに子どもとの接点を持っていた。それは地蔵自体が童形であるとともに、日本の仏教のなかで、この世とあの世との境であるところの三途の川の岸辺、賽《さい》の河原で衆生を救う菩薩として喧伝されてきたことと関係がある。賽の河原は、子どもたちが石を積み、それを鬼が崩すという苦行が行われる場所であり、地蔵はそうした子どもたちを救うとも言われていた。地蔵は子どもをとりわけ守護すると信じられてきたのである。

柳田國男の『日本の伝説』の巻末に収められた「伝説と児童」という一編は、地蔵に関する伝説を列挙しながら、それらがいかに子どもたちと近しいものであったかを悠揚と語っている。なかでも地蔵を子どもたちが縄で引っ張ったり、道の上に転がして馬乗りになったりするのをたしなめた大人が、夢で「せっかく小さい者と面白く遊んでいたのに」と叱られたという話を引きながら、地蔵への信仰が道祖神や子安神といった神々とも共通する面があることを指摘している。子どもたちの遊びのように受けとめられるものの中に、古くからの感覚や心意が息づいていることを主張しているのである。末尾近くの「日本は昔から、児童が神に愛される国でありました」という一文は、通り一遍の修辞ではなく、民俗信仰のありかたを鋭く指摘したものとして今でも生き続けている。

放生会の伝統

放生会《ほうじょうえ》とは、生き物、主として鳥や魚などを野や池などに放って供養する行事で、殺生を忌む仏教的な思想から生まれたものと考えられる。神仏習合の時代から広く寺社で盛んに行われてきた。

もともとは九州大分の宇佐八幡宮の宇佐放生会が起源であるとされ、現在では十月の行事であるが、古くは八月十四日から十五日にかけて行われていた。八幡信仰はやがて近畿に広がり、中でも石清水八幡宮は朝廷をはじめとする篤い尊崇《そんすう》を受けた。この石清水八幡の放生会も古くは八月十五日であったとされる。

また清和源氏の氏神としても信仰されるようになり、源氏が武家の頭領と仰がれるようになるにつれ、武神としての側面も強調されるようになった。関東では鎌倉の鶴岡八幡宮が著名であるが、武士たちが自らの支配する土地に盛んに勧請したことから、現在でも全国の至る所で八幡宮が祀られている。

「八幡大菩薩」という呼称も馴染み深いものであるが、この呼び方は八幡の神と仏教の菩薩号とが古くから結びついてきたことを示している。日本の宗教をとらえる視点として、明治以降の神仏を厳格に区分する考え方と、それを根の浅いものと批判し、神仏習合を重視する考え方とがある。八幡の神は、神仏が渾然一体となり、さらにそれを基底に生活のさまざまな祈りや願いを受け止めてきたといえるだろう。

九州では福岡の筥崎八幡宮の放生会も有名で、現在では九月に行われるが、これもかつては旧暦の八月十二日から十八日にかけての行事であった。放生会が秋の深まる時期に移行していくのは神社ごと、地域ごとの事情があっただろうが、全体としては、秋の収穫祭の性格を帯びるようになったのではないだろうか。

岐阜県郡上《ぐじょう》郡和良《わら》村では九月十五日を放生と言い習わし、農作業を休む日と認識されていた。前日の十四日には、たとえ雨が降ろうと一家の主婦は里芋を掘らねばならないとされ、掘った里芋や粟、キビなどの初物を仏壇や神棚に供えることになっていた（東洋大学民俗研究会『和良の民俗』）。これは明らかに秋の収穫を先祖や家々に祀られている神とともに祝おうとするもので、人間の側からすれば、体を休める節目にしていたのであろう。生命を慈しむ感覚は人間の暮らしにも及んでいたのである。

放生会は、本来神に魚や鳥を捧げる感覚があり、仏教との融合によって殺すのではなく、生かしたまま放つ儀礼へと変化したものと推定されている。日本古来の神を祀る方法と新たに渡来してきた仏教の教えとの接合がはかられたのである。寺社の境内には放生の意味を帯びた池がある場合も多く、そこでは魚や水鳥、さらには亀やさまざまな虫までもが、のんびりと過ごしている風景が見られる。特定の堂や社のかたちをとらずとも、こうした環境そのものが、日本的な宗教を表現しているのであり、そこに日本人の信仰の歴史が溶かし込まれているということになる。

また、鳩の群れは八幡に限らず、寺社一般につきものである。八幡信仰では鳩を神の使いとする感覚があるが、放生会の精神との関連もそこに読みとることができるだろう。さまざまな現代の記念式典、特に夏であれば、平和を祈念する行事でも鳩を放つ場合がある。こうした比較的宗教色の薄い儀式にも、自由な生命を無上のものとする放生会の感覚が表出しているように思われ、その伝統の深さに気づくのである。

八朔行事の形成

旧暦の八月朔日を「八朔《はっさく》」と称し、この日にはさまざまな行事が行われる。二百十日に近接していて、農家では台風の心配をする時候であり、収穫の様子を見、算段をする頃でもある。西日本では「タノミの節供」などと称して作神に豊作を頼むのだ、などという。

ところで、江戸幕府においてはこの八月朔日が徳川家康が初めて江戸城に入った日であり、それ故に祝日とし、互いに贈答をする慣行があった。こうした生活習俗が天下の覇者とはいえ、家康の個人的営為に始まる筈はなく、公家や武家の記録を見ると、すでに中世から、互いに贈り物をやりとりする日であることが注意されている。

和歌森太郎によれば、鎌倉時代の末、正和三年（一三一四）に花園天皇が、この日にさまざまな進物のやりとりがあるが、これは最近の流行である、と記しているという。さらにそれよりも約七十年以上前の宝治元年（一二四七）に鎌倉では、この日に贈り物をやりとりすることを執権や連署から将軍への進物を除いて禁止する触が出ている。広く世間で行われていたことを鎌倉幕府が禁止しようとしたことから、和歌森はこの時期には八朔の儀礼は、まだ故実として固定してはいなかったのであろう、と推察している（「八朔考」『日本民俗論』）。

和歌森と同じく、八朔の行事が中世の段階で公家や武士たちに広がっていたことを検証した平山敏治郎は、武士たちがその生活の基盤であった農村での行事を取り入れ、武士たちが徐々に地位を向上していくにつれ、貴族層にも影響を及ぼして、八朔の贈答が行われるようになったのだろうと論じている。

また武家の行事として整えられていくにつれて、馬の張り子細工や馬の形をした団子をやりとりする慣習が瀬戸内地方では農村でも広がっていく。これは武士たちの習俗を農村でも真似るようになったものなのか、社寺に馬を奉納したり、絵馬をおさめたりする習慣から派生したのかはっきりしない。それでも階層を越えて行事が広がり、固定化される場合があることには注目しておいてよい。

京都の西陣では「八朔の泣き豆」といい、奉公人に豆を配ることになっていた。この日から夜業が始まり、夜食の意味を帯びた進物であった。山梨県の上九一色村近郊でも「八朔の泣き饅頭」といって、下男下女たちの夜仕事が始まるこの日に特別な食物を作ることになっていた。播磨の的形地方では、この日を「タノミ祝い」といい、小豆飯を炊いたが、この日以降は、昼寝の休みはなくなることになっていた。農村における仕事の節目となる日であることが意識されていたのである（「八朔習俗」『歳時習俗考』）。中世の農村から武士たちの間へ、さらに公家たちにまで広がった八朔の行事は、再度、農村にも影響を与えつつ、現代まで伝えられてきた。

愛媛県下では、米の粉を用いてシンコ細工の動物や人形を贈答する習慣を「タノモサン」とか「タノメゼック」と称する。中予・東予では稲の稔りを祈願する作頼みの意味合いが強く、南予では日頃、お世話になっている人への贈答としての性格が強いと、大本敬久は八朔行事の歴史と地域でのバリエーションを検討した「八朔の歴史と民俗――付・愛媛の八朔習俗」（『四国民俗』三十九号）で述べている。さらに大本は八朔は盆行事およびそれに関わる芸能とも関係が深く、多くの史料にもその姿が記されていることに注目している。八朔は行事の歴史的な変遷をたどるには格好の対象といえるだろう。

二百十日と風切りの鎌

立春から数えて二百十日目の頃には、強い風が吹くことがあり、海に出て漁をするものはもちろん、山野での作業にも心配りが必要である、というのは長い生活経験の積み重ねから導き出された知恵である。

秋田県雄勝郡雄勝町役内では、この頃に吹く風を恐れ、風よけのために棒に鎌を縛り付けたものを玄関に立てて「風切り」のまじないとした（東京女子大学民俗調査団編『雄勝役内の民俗』）。鎌の草木を切る機能が、風に対しても応用されたと言えるだろう。鎌を農作業に用いるのではなく、自然に対抗する呪術に用いるこうした信仰は各地に見いだせるが、近年では忘れ去られた地域も多い。

この風に対抗する鎌の観念を神社信仰が取り込み、神事として洗練させていった例として能登半島における諏訪信仰をあげることができる。この問題を長年にわたって丁寧に追跡してきた小倉学の「能登半島における諏訪信仰――鎌打ち神事を中心として」（『加能民俗研究』二十二号）は、能登における諏訪信仰の特色をよく伝えている。それによると、諏訪信仰は長野県諏訪湖畔に鎮座する諏訪大社の上社と下社とがその中心であるが、中世以降各地に広がり、それぞれの土地に見合った展開を遂げている。そのなかでも能登では、比較的古いかたちをごく最近まで伝えていた。それは、この信仰においては本殿にあたるものはもともとなく、山や巨大な樹木を神体として仰ぐという神社の存在形態によく表れていた。それとともに、具体的な祭祀の面では、二百十日の直前、八月二十七日に諏訪神社の神木に鎌を打ち込むというかたちで長く伝えられてきたのである。この鎌は毎年特別に調整されるもので、神体に近い扱いを受けてきた。

とりわけ、石川県七尾市江泊町日室の諏訪神社は、通称、「鎌宮」と呼ばれることからも分かるように、鎌を打ち込む神事が、毎年厳粛に行われてきた。この社の霊域には二本のタブノキがあり、そこに神職が風鎮の意味を込めた祝詞をあげたあと、鎌を幹に打ち込むのである。この神事に関して小倉は、鎌は諏訪の神のシンボルであり、そうすることで風や波を鎮める諏訪の神の霊威が更新されると考えられていたのであろう、と推測している。鎌に象徴される風を制御する力が諏訪の神に備わっているととらえられていたのである。

風に対抗する力を「切る」という行為を通して鎌に昇華させ、神として祀り、継続していくという民俗的な思考を、こうした信仰から読みとることができる。

また、この時期に稲のあるうちに吹く風を「イナバの風」といい、山形県鶴岡市大谷あたりでは、ふだんは家屋のなかで祀っているオクナイ様に一つ身の着物を着せ、老婆が背に負って村の中を一軒一軒回って歩く習慣がかつてはあった（東京女子大学史学科郷土調査団編『庄内大谷の民俗』）。オクナイ様はこの地域の旧家に祀られる民俗神で、青森や岩手あたりのオシラ様とよく似た存在である。祀っている家の繁栄をつかさどるとされることから、稲の出来不出来にもこの神の影響が及ぶと考えたのであろうか。

二百十日前後は春先からの農事が完了する最後の段階にあたり、それだけにさまざまな神事や行事が行われる。そこには、この秋の時期に風雨に見まわれることの多い日本列島で生活を営んできた人々の願いが凝縮しているのである。

牛祭の摩多羅神

京都太秦の広隆寺の牛祭は、もとは九月の十二日に行われていた。現在では一月遅れで行われる。正確には広隆寺境内の大避《おおさけ》神社の祭である。そしてこの祭には四天王と呼ばれる鬼と牛に乗った摩多羅神《まだらじん》が夜に登場し、拝殿の回りを三周したのち、祖師堂に向かって祭文を読み上げる。この祭文が実に祭文らしくない奇妙なもので、それに対して見物人たちがさまざまに悪口を浴びせかけるのがこの祭の特徴となっている。

この祭の主役と思われる摩多羅神は、慈覚大師が中国から勧請したとも、恵心僧都が夢告によって広隆寺に詣でて念仏を修するにあたって勧請したことに始まるとも言われている。いずれにしても仏法の守護神であり、中国から渡来した異神なのである。

この摩多羅神を描いた図像が比叡山や岩手県の平泉毛越寺《もうつうじ》、栃木県の輪王寺などに伝えられている。輪王寺のものは髭をはやし、左手に鼓を持った摩多羅神が竹の枝の下で笑いを浮かべており、頭上には北斗七星が描かれている。摩多羅神の前には二人の童子が肩に笹竹と茗荷を負って踊っている。摩多羅神が北斗七星の化身もしくはそれと深い関わりがあることが暗示されており、手に鼓を持っていることや童子たちが舞い踊る姿で描かれていることは歌舞御曲、芸能と関連する信仰の存在を主張するものだろう。

実はこの摩多羅神は単に中国の神が仏法守護のためにだけ渡来したのではなく、大寺院の本堂の後方、後戸《うしろど》と呼ばれる場所に密かに祀られ、法会などに際して行われる芸能を守護する役割を背負わされていたことが芸能史の研究から明らかにされている。

この神が提起する問題は、芸能を伝え、寺社の儀礼の具体的な担い手でもあった人々の精神世界へとつながっていることを服部幸雄が粘り強く追究してきた（『宿神論——日本芸能民信仰の研究』)。一方、民俗研究との関わりからは、摩多羅神が後戸という独特の空間に祀られてきたことに注目が集まってきた。異国の神とはいえ、仏法の守護という役割を与えられているにもかかわらず、寺院の正面ではなく、秘められたかたちで伝えられてきたことが重要だという指摘である。高取正男の考察によれば、寺院の後戸は民家における納戸に類する空間であるという。納戸とは家族とりわけ夫婦のみのプライベートな場所であって外来者からは秘されるところである。そして中国地方の山間部ではこうした場所に稲作の神、田の神といった家の繁栄につながる神霊が祀られてきた。

また家屋の深部に位置して客をもてなす空間が座敷であるが、この座敷にはザシキワラシ(座敷童子)がひそむと東北地方では語り伝えられていた。ザシキワラシは、その名が示すように、ふだんは使わない座敷空間の奥深くに宿っていて気配だけがする。それが、はっきりと姿を現すのは、その家に変事があるときであった。座敷は客を招じ入れるだけの空間ではなく、家の盛衰にかかわる存在の居場所ともされてきたのである。

高取はこうした納戸や座敷に関する民俗データをもとに、摩多羅神だから後戸に祀られたのではなく、民家の納戸にあたる寺院のなかでも特異な聖的空間である後戸が摩多羅神という独特の神霊を招き寄せたのではないか、と推察している(「後戸の護法神」『民間信仰史の研究』）。

牛祭に奇妙な姿で登場する摩多羅神は、特異な様子やその勧請の歴史だけが重要なのではなく、日本人の建物や住空間に関する感覚にも連なる存在としてとらえていくことができるのである。

芋名月と豆名月

旧暦の八月十五日は月見の晩である。その時に供えるものの代表が芋であることから、民俗学では各地で聞かれる古風な名称を尊重して、十五夜を「芋名月」といい、同じく九月十三日を「豆名月」とか「栗名月」などと称する。もちろん、芋や豆だけではなく、団子や小豆飯を作るのも広く知られた習慣である。

楽しいのは、この月見の供物はいったん供えられたあと、子どもたちが自由に取って食べてよいとされていたことである。子ども時代の心おどる記憶として十五夜を思い出す人は少なくないだろう。古くは子ども、大人を問わず、畑の作物や果実をこの晩ばかりは自由にとってもよい、とされていた地域が多く、十五夜や十三夜は何らかの祝祭の感覚が伴っていたことを推測させる。澄んだ空気の中に浮かぶ月の美しさもさることながら、地上の作物の稔りを祝う感覚がそこにはある。

長崎県南松浦郡樺島ではかつて八月十五日の晩を「イモメギリ」と言って、この日に鍬《すき》を使わずに手で芋を掘ることになっていた（『離島生活の研究』）。鳥取県西伯郡大高村岡成で調査を行った天野重安は、この村でも芋名月という他にイモタンジョウという言い方があったことを記録している。そしてこの日に初めて畑から里芋を起こすものだったという（「岡成物語〈伯耆岡成村の民俗〉二」『民俗学』四巻五号）。

普段とは異なるやり方で収穫をすることは儀礼としての意味合いがあったことを示し、最初にとれた収穫物はそれらを見守り、育ててくれた神に供えるものであっただろう。つまり十五夜と十三夜は月を愛でるというよりも、畑作の神を祀り、収穫に感謝する行事であったことが推測できるのである。

一方、長野県北安曇郡では十三夜を「小麦の月見」と言って、この晩に天気が良ければ来年は小麦が豊作だと伝えていた（信濃教育会北安曇部会編『北安曇郡郷土誌稿〈第三輯・年中行事篇第一冊〉』）。翌年の作物の出来不出来をうかがい知る晩でもあったわけである。そうすると月見は単なる鑑賞ではなく、来る年の豊凶を占う行為でもあったことになる。

われわれの先祖が月を見上げる感覚は、感傷や美的な趣味というよりも生活の営みの切実さを含んでいたのかもしれない。

古く『竹取物語』の結末近く、かぐや姫が月を見て泣く場面で「月の顔見るは忌むこと」と戒められるくだりがある。やがては月に帰ってしまう運命がそこに投影されているのだが、月の光を理由もなしに見ることをはばかる当時の感覚がなければ、こうした言葉がかけられることはなかっただろう。古代の貴族社会における月を見ることのタブーと民俗行事における月見の感覚とをつなぐものは何なのか、改めて考える必要があるだろう。

月見の深層

日本列島は古くから稲作のための努力が積み重ねられ、土地や稲の品種などの改良が行われてきた。米の出来が世の中の明暗を分け、また土地も米の取れ高で評価される時代が長かった。

その一方で、米以外の作物も日本人の生活に深く関わり、重要な役割を担ってきたことが、民俗研究では近年になってようやく明確に意識され、さまざまな生業を複合させて営んできた様相をとらえる努力がはじまっている。そうした研究を牽引している安室知の報告のひとつを参照してみよう。

安室によると、長野県飯山市富倉は信越国境の山あいの村であるが、この村を訪れる人は一面のマメ畑に驚き、冬の時期の降雪によって麦も作れないであろうことから、村の貧しさを推し量ったという。しかし、実際はこの村は水田を多く持つ豊かな村なのである。なぜそうした誤解が生じるかといえば、旅人がたどり、村を眺める視点は谷沿いの街道からのもので、そこからは水田の畦に植えられているマメしか見えないためである。富倉はその名の通り、富んだ村であり、斜面に小さな水田を数多く作り、稲作を行う他に畦を巧妙に利用し、大豆を中心とする畑作も盛んにおこなっていたのであった。

畦における大豆栽培は連作障害とは無縁で、施肥も要らず、稲刈りの作業とは違って一刻を争うということもなく、労力と時間の調整が可能であった。そして取れた大豆は味噌や納豆の原料となり、村人の食生活を支えてきた。安室は稲作と時間、空間、労力の点で葛藤を起こさず、共存してきたこうした農耕のありかたこそが水田の力であったと評価している（「アゼ豆の村――長野県飯山市富倉」『水田をめぐる民俗学的研究――日本稲作の展開と構造』）。

こうした米作りと矛盾しない生業の多様性は、稲作とそれによって得られる米だけに特化されない民俗文化の基盤でもあった。それは日本の神話のなかにもさまざまな作物の起源が述べられていることからもうかがうことができるだろう。『古事記』では、オオゲツヒメ（大気都比売）がスサノオに鼻や口、尻からさまざまな食べ物を出して饗応したために殺され、その死体から稲や粟、小豆、麦、大豆などが生じたと述べられている。『日本書紀』ではウケモチノカミ（保食神）が同じように死んだ後に、粟や稗、稲に大豆、小豆などが生じたことになっている。

このタイプの神話は世界的に広く分布する栽培植物の起源神話であるが、それらを比較して、日本神話の特徴として、次の点を大林太良が「オオゲツヒメ型神話の構造と系統」（『稲作の神話』）という論考で指摘している。すなわち『古事記』にあるように穀物を生み出す女神は、月と関係があり、さらにいくつかの作物を一人の神から生み出すのは山間地における焼畑農耕のイメージを反映したものであり、系統的には中国の華南地方の文化と共通性があるというのである。

現在の民俗文化の月見の起源をこうした神話研究の成果と単純に結びつけることはできない。しかし、天上の月とその運行に対して地上の様々な穀物の稔りを準備する感覚の深層には、こうした太古からの感覚と共通するものがあるのかもしれない。夏に照りつけた太陽だけではなく、秋の夜半に月にも思いを寄せる感覚は、季節の進行や収穫の喜びと重なり合っているともいえるだろう。

田の神の行方

日本の民俗信仰のなかで、田の神はその中心といってもよい。米作りを見守り、豊作へと導いてくれる存在として、田植の時期をはじめ、さまざまな機会に意識され、祀られる存在であった。

なかでも複雑な様相を呈するのが、収穫から冬にかけての時期で、田の神としての役割を終えたのちにどういった扱いがなされるかが問題となる。田の作業が終わるとすっかり忘却されてしまうかのようだが、収穫した稲は、稔った米だけではなく、藁も生活用具の原料として重要であり、草鞋《ぞうり》や蓑など身に着けるものを作る他にも、儀礼に用いたり、神を迎えて祀る場をしつらえるのに使われたりした。そうした生活の諸側面を通して、農閑期であっても田の神は意識され続けたのである。

その際、よく聞かれるのは、人びとの田仕事が終わりを迎えると、それを見守っていた田の神は、そのまま留まるのではなく、山へ向い、今度は山の神として人びとの暮らしを見守るのだという考えであった。東北地方では比較的広い範囲で、こうした神の移動を「農神様が雪神様と交代する」と言い伝えていた。秋のうちはまだ山の頂に積もっていた雪が、やがて里にも降るようになる季節の推移をこうした表現でとらえたものである。農民の生活における詩情はこのような神をめぐるさりげない言い方に注目することによって確認できるのである。

そして、こうした山の神は、山仕事をする人びとの祀る山の神とは別に農民が想像し、生み出した神格ということができるだろう。里の村では、秋に餅をつき、それを神仏に供えて感謝することが節目になっていた。

こうした戸外の季節の移り変わりを神観念に投影する感覚の一方で、山陰地方では田の神は秋から冬にかけて屋内に移ると考える感覚もあったことは、田の神の性格が一筋縄では理解できないことを示している。田の神は暗いところがお好きだといい、夫婦の寝室であった納戸に迎え祀る慣行が民俗研究では注目を集めてきている。

この問題を長年にわたって追究してきた石塚尊俊は、その軌跡を「納戸神に始まって」（『女性司祭』）にまとめている。石塚によれば、その研究の端緒は、昭和十八年の鳥取県東伯郡矢送村での見聞だったという。この辺りでは納戸に一年中、トシトコさんを祀っており、正月になると大きなお飾りをし、鏡餅も御神酒もそこに供える、という話を聞いたのである。トシトコさんは歳神であり、新しい一年の生活を健やかであるよう守ってくれる神であろうが、その祀り場所が納戸だというのは奇妙なことであった。

さらに隠岐島では、広くトシトコさんを田から家に迎え入れる、といっており、このことを「田の神迎え」と称していた。明らかに田の神は家の中に移動し、納戸という空間のなかで歳神へと変身するのであった。納戸はその家に暮らす人びとを守護する神霊が、冬になると宿る空間であり、神棚とは別の日本人の神観念を伝える重要な場所なのであった。

こうしてみると、田の神は農耕と不可分の存在であるとともに、生活の場に寄り添ってきた存在であることがわかる。秋の収穫をともに喜び、次の農作業の始まりまでをともに過ごす、というのが田の神にまつわる伝承のもうひとつのかたちであった。

冬・新年の章

亥の子と十日夜

秋の収穫を祝う行事として、旧暦十月の亥の日に行われるのが亥の子で、十月十日に行われるのが十日夜《とおかんや》である。どちらも田仕事の終了とともに作物を育て、守ってきた神霊への感謝を表す行事である。ぼた餅を作ったり、臼や杵あるいは箕などに餅を供えたりしたものであった。農作業や米あるいは餅にかかわる道具を用いる点に、作物と生活に関する神霊への意識をうかがうことができる。

よく、西日本では亥の子、東日本では十日夜を行うとされ、地域によって違いがあると言われるが、それはやや不正確で、関東の一部と東北地方に十日夜が比較的多く分布するのに対して、亥の子と称する地域の方がはるかに広い。そして、行事の内容は共通する面が多いのに、名称がどうして異なっているのかは大きな問題である。

亥の日に餅を食べると多産となる、という考え方は早く平安時代の記録にも見え、おそらく中国大陸の行事あるいは信仰の影響が貴族社会に及んだものと推測されている。中には宇多天皇の頃に、民間の行事が宮中に取り入られるようになったという記述も見いだせる（『宇多天皇御記』、寛平二年二月三十日条）。直接、生産に携わる生活のなかでも収穫を祝い、感謝する観念は古くからあった筈で、それがどのように呼ばれていたかは不明だが、そうした観念と亥の日の祝いとが結びついていったのであろう。

亥の子や十日夜の行事として目立つのは、大地を叩いて回る慣習で、これは子どもたちの役割になっていた。宮本常一の整理によると、土を打つのに用いる道具は石に縄をつける場合と藁を堅く編んで棒状にしたものである場合に大別できるという。

この石や藁の棒で大地を叩くことで土の精霊に活気を与える一種のまじないであると解釈されてきた。栃木県芳賀郡あたりでは、藁を堅く巻いたポージポという棒を男女の子どもたちが持ち、組を作り民家の庭先へ行き、

ポージポアタレ　大麦アタレ
小麦アタレ　三角バッタノソバアタレ

と大声で叫びながら土を打ちならしたという。家々ではこうした子どもたちに菓子や果物を用意しておいてもてなした（宮本常一「亥の子行事――刈上祭」、『宮本常一著作集〈第九巻〉』）。大麦や小麦、蕎麦といった畑作物の名も挙げることから、稲作だけに限定されない農耕全体に対する感謝と期待とを感じ取ることができる。

宮本常一は、日本各地でこれほど盛んな亥の子行事が、近畿や中国地方では行わない村があることに注目している。宮本によれば、浄土真宗を信仰している地域では、亥の子行事が希薄、もしくは行われない場合が多く、それは真宗の最大の行事のひとつである報恩講が同じ時期に行われるためではないか、とする。浄土真宗は一般に民俗的な行事や儀礼に冷淡であり、とりわけ報恩講と時期が近接する亥の子行事を消し去ることになった、と解釈されるのである。

しかし、亥の子の感覚は完全に忘れ去られてしまったわけではなく、報恩講の行事内容を詳細にみていくならば、収穫祭の要素が見え隠れしていることも確かである。秋の収穫の喜びや感謝の感情は、さまざまなかたちで行事を生み出してきたとも言えるだろう。

十夜念仏の民俗性

主に浄土宗の寺院で、旧暦の十月十日前後の十日間に行われる法要を「十夜」と称する。この十夜は、阿弥陀仏への報恩と感謝に基づく仏教行事であるが、そこにはさまざまな民俗的な要素も付け加わっている。

まず、十夜のおこりであるが、京都市左京区の真如堂の縁起のなかに十夜念仏の始まりが説かれている。永享の頃（一四二九～一四四一）、平貞国という武士が深く阿弥陀仏に帰依し、真如堂で三日三晩の念仏を行った。三日目の明け方に夢に僧形の姿が現れて、「心ダニタテシ誓ニカナヒナハ　世ノイトナミハトニモカクニモ」という詠歌で、あと三日、現世で務めを果たすべきであると教えた。そして実際に家督相続の報が貞国にもたらされたことから、さらにその感謝の意を込めて七日七夜の念仏を執行した。そして先の三日と併せて十日十夜とこの行事を名づけることとなった、というのである（仏教大学民間念仏研究会編『民間念仏信仰の研究〈資料編〉』）。

それから浄土宗寺院の行事として、各地で盛んに行われるようになったというのが仏教の側からの説明である。しかし、一方で十夜の行事が広がったのは、農耕暦において収穫の祭りと近接しているためであるとし、十夜に収穫祭の要素と結びついた部分があることを重視する考え方もある。

竹田聴洲は、京都の真如堂とそれに次いで鎌倉の光明寺が十夜念仏の中心として世に広く喧伝されたことを歴史の表面的な消息としては重視すべきであるとする。しかし、旧暦十月に特に念仏を行う点に留意すると、その民俗的な性質が浮かび上がってくるという。おそらく収穫の時期の、しかも十五日の満月に近接していることが、十夜の念仏と民俗との架橋にあたっては重要であった。

俗に関東の三大十夜といえば、鎌倉の光明寺の「双盤十夜」、鴻巣の勝願寺の「塔婆十夜」、それに八王子の大善寺の「諷誦文十夜」をさすが、いずれも群集の参拝があり、共通して亡霊供養の要素が色濃い。さらに各地で「十夜粥」と称して小豆粥を作って食べる習慣や初穂を仏前に供える事例など、十夜をめぐっては寺院における念仏法要とは異なる要素が多く見られることから、その根源には稲の収穫感謝の祭りが想定できるというのが竹田の見解であった(「十夜念仏と亥子・十日夜の行事」『竹田聴洲著作集〈第八巻〉』)。十夜念仏の中に民俗的な農耕の節目の感覚が吸収されていったのである。

長崎県壱岐の勝本町の泥打堂というのは、本尊が毘沙門天であるが、もともとは廃寺となった東門寺にあったものであるといい、毘沙門天を慰撫するために十夜講がはじめられたと伝えられている。かつては十月二十日、戦後は十八日に、歎仏供養、念仏が行われ、その後の会食の間には、「サンカクモライ」と称して三角に結んだ握り飯を若者たちが「サンカクヤレ」と言って堂の格子から手を突っ込み、乞食をする習俗があった（鷲見定信「十夜講と十夜法要」伊藤唯真編『仏教民俗学大系〈第六巻〉仏教年中行事』）。仏教的な要素ばかりとは思えないこうした行事には収穫の喜びが溶かし込まれているとみた方がよいだろう。

厳かに行われる寺院行事の周辺には地域ごとの収穫の感謝があり、農事の成功のよろこびがあった。念仏をはじめとする仏教のさまざまな要素は、こうした農耕のリズムと結びつくことで地域に浸透していったのである。

大根の誕生日

鳥取県八頭郡のある村ではかつて十月二十日を「大根の誕生日」と称していて、この日に大根の成長する音を聞くと死ぬ、と言っていた。これは奇妙な伝承であるが、実際はこの時期に大根畠に入ることを忌む感覚から生まれたものらしい。

そのように考えられるのは、東北から中部地方にかけての各地にも同じように大根畠に入らぬようにと戒める言い伝えが多く残されており、これを「大根の年取り」とか、「大根の年夜」と呼んでいたからである。宮城県気仙沼では十月十日の晩には大根は唸りながらおがる（成長する）と言ったり、新潟県佐渡でもこの日に大根のはぜる音がすると言ったりもする。確かにこの時分になると畠の大根は急速に成長し、収穫期になるのだが、その直前に畠に行くことをタブー視するのは、亥の子や十日夜といった収穫に関する行事とのつながりが考えられる。

この日に秋の収穫をつかさどる神霊が現れ、畠はその祭りの場となるという考えがかつてはあったのではないだろうか。やがてそれが変形して、禁忌の意識だけが残ったのかもしれない。

ただし、秋の収穫祭の場として、とりわけ大根畠が選ばれていたことには、もう少し深く広い意味があるように思われる。

桜田勝徳はそうした問題を「民俗としての大根」（『桜田勝徳著作集〈第五巻〉』）で考察して

いる。桜田は、このような大根の誕生日や年取りといった伝承の背景には、いくつかの大根ならではの性質があるのではないか、という。特にその白さは、かつての庶民の生活のなかでは珍しいものではなかったか、と指摘する。餅もまたその白さに聖なる価値が感じられていただろうが、大根の方が白さという点ではまさっていたのであり、それが収穫の時期での急速な成長に神秘を感じていた要因と考えられる。

さらに、福岡県八女郡矢部村宮の尾の三月三日の天満宮の祭事——これを「宮座」と称していた——では、大根の「けづりかけ」といって、皮付きの大根を輪切りにして、その皮をむきかけたものが供されることになっていた。これも大根の白さと神事との深いかかわりを想定させる。

白い色は神聖なるものの表象であり、その来臨や祭儀を連想させる。大根はその白さから、民俗的な神観念と結びついていたことが推測できるのである。その一方で、畠作物としては古くから栽培され、改良が重ねられてきたことや、米など主食に加えて量を増やすために用いられたり、多様な漬物に加工されて保存食とされていたことも重要であろう。『徒然草』の第六十八段には、「よろずにいみじき薬」として毎朝、大根を二つずつ食べていた男がいたことを記している。ある時、この男が敵に襲われたときに、どこからともなく二人の兵《つわもの》が現れて撃退してくれた。どこの人か、と尋ねると、二人は長年、頼みにして食べている大根である、と答えたという。兼好法師は「深く信をいたしぬれば、かかる徳もありけるにこそ」と述べている。管見の範囲で類例はないのだが、中世にこうした話が生まれた背景にも、大根の民俗が影響している可能性があるように思われる。

炉をめぐる感覚

かつての民家においてイロリ（囲炉裏）は、家族が集う場所であり、団欒の空間であるとともに、暖房や調理が行われるところでもあった。炉開きといって旧暦の十月の亥の日などに、炉に火を入れはじめることに注目するのは、室町時代からの慣習で、とりわけ茶道の発展が、そうした季節の進行と炉の火との関係を意識する季語を育んだといえるだろう。

庶民の暮らしのなかではイロリには季節を問わずに火が生きていたのであった。家屋の中に、場合によってはそれを焼き滅ぼしてしまうかもしれないしつらえをするのは、慎重さを要求されただろう。そうした感覚は火そのものに神聖さを付加したに違いない。

屋内の火はやがてイロリ（囲炉裏）とカマド（竈）とに分かれていったのだが、どちらにもそこに神聖さを感じ、周囲を清浄に保つべきであるという観念は受け継がれた。

カマドという語を一軒の家の象徴のようにとらえる感覚が東北日本では広く見られた。「カマドを分ける」というのは分家を出す、ということであった。また「カマド消シ」というのは家運を衰えさせることで、このように蔑称されないように、人は懸命に働いたものだった。この表現はカマドの火と生活のさまざまな場面を連想させる点からも、忘れがたい印象を残す。

イロリの上に鍋をかけるために吊されている自在鉤に魚のかたちをしたものを配するのは、魚が水を呼ぶとして、火の守りの意味があると、笹本儀一郎が父母に日頃から言われていたこととして記録している（「障子の穴から大事を見るな——昔からの言い伝え集」『伊予の民俗』二十二号）。火を統御するためには水が必要だという、単純で分かりやすい論理がイロリで物象化されていた。

イロリは家族が集うとともに来客を迎えるところでもあった。一家の主人が座るところをヨコザ（横座）と呼ぶ地域も広かったが、この座を主人が譲るということは滅多になかった。「ヨコザに座るのは猫、馬鹿、坊主」というのはそうした事情を示している。イロリのヨコザを主人以外が占めるのは、葬式の際に招かれる僧侶と何もわからぬ猫くらいだというのである。イロリでは、通常の客をもてなす「ヨリツキ」などと呼ばれる客座も決まっていた。

座敷をそれぞれの家が持つようになる以前には、こうした客人をもてなす場がイロリの周囲であったとともに、家の平安を守り、家族を見守る神仏もイロリのある部屋に祀られていたことは重要である。

有賀喜左衛門は「イロリと住居」（『有賀喜左衛門著作集〈第V巻〉』）のなかで、イロリやカマドの神は、単純に火の神ではなく、家そのものを守る神として存在するのであり、遠隔地から神札やそれに類するものを貰い受けてきても、座敷ではなくイロリのある部屋に神棚を作って安置してきたことに注意すべきだとする。イロリの神は、家の繁栄をつかさどるあらゆる神を統合する位置を占めていたのである。

学生時代に栃木県の山間の旧家を尋ねたことがある。その家では夏の盛りでもイロリに火が熾《お》きており、かなり高齢の主人に迎えられたことを思い出す。数時間に及ぶ聞き書きを終えて帰ろうとすると、その主人が両手をついて学生に対しては不相応なほどの丁寧な挨拶をしてくれた。別れ際に告げられた「お静かに」という言葉は、祈りのように響いたことが今でも忘れられない。旧家に積み重ねられた長い時間が、その家の主人とイロリの火に凝縮している、そんなことを感じた一瞬であった。

案山子の名前とかたち

秋が深まり、田畑の収穫も終わりを迎えると案山子《かかし》もその役目を終えることになる。晩夏あたりから田畑の稔りをうかがう鳥や動物たちを脅し、遠ざけるために活躍していた案山子の仕事も一段落というわけである。

案山子は古くは「嗅がし」であり、毛髪や獣の肉を焼いて、その匂いによって鳥獣の侵入を防ぐものであっただろうというのが民俗学の見解である。鳥獣を追い払えばいいのだから、「オドシ」というのも案山子の古い呼称として用いられてきたことは容易に理解できるだろう。火や煙を嫌う習性を利用していたことの名残で、案山子にあたるものを長野県小県郡では「トボシ」と呼んでいた。藁を束ねたものをいぶして鳥を脅したのだという。

沖縄県国頭地方では、猪を追うのに同様のものを用い、「ピーナー」（火縄）と呼んでいた。『古事記』の上巻に、案山子は久延比古《くえびこ》という名で登場するが、すぐに「所謂久延比古は今には山田のそほどぞ」と注されていている。ソホドの語義はあきらかではないが、水の流れを利用して音を絶え間なく発して鳥や獣を追う仕掛けを「ソウズ」（添水）と呼んでいたことと関連するのかもしれない。

こうした名前だけを手掛かりに、案山子のような生活のなかの小さなしつらえの歴史を探るのは容易ではない。小島瓔禮《よしゆき》の『案山子系図』は、案山子の方言名だけではなく、その様式や機能にも注意して、その系譜を探ろうとした研究である。この書物はガリ版刷りのわずか五十頁のもので、神奈川県立高校の定時制の文化祭における郷土研究部の報告が母胎であった、とあとがきには記されている。しかし、内容は高水準で、民俗学的方法による案山子研究の書としては今日でも参照に値する好文献である。かつての高校での文化的活動のレベルの高さがしのばれる。

この小島の研究では、田畑を守るシンボルとしての案山子の性格に注目し、長野県を中心に伝承されてきた案山子祭を取り上げている。秋に田から案山子を持って来て、餅を供えて収穫の感謝をするのが案山子祭であるが、群馬県吾妻郡六合村入山では、正月十四日の晩にヌルデの木の皮をはいで目鼻を描いたり、「案山子神」などと文字を記して神棚に上げて朝夕に作物の安全を祈ったという。こちらは収穫ではなく、作物の出来が良いことを祈る予祝の意味を持っている。案山子は豊かな稔りへの期待を受け止める存在でもあった。

動物や鳥たちは、人間の姿かたちだけをとりわけ恐れるのではない。案山子の方言名にもあるように、匂いや煙だけでも充分に防除に役立ったのであるから、わざわざ人形、すなわちヒトガタにするのは別の意味があった筈である。案山子といえば人形を想起するのは、田畑の仕事を見守る存在への独特の嗜好に他ならない。小島は『案山子系図』のなかで、草人形が神の形代《かたしろ》であったことを指摘しつつ、案山子と田の神、さらには水神との関連を示唆している。

近年では各地で「案山子祭」と称して、さまざま工夫をこらした人形をこしらえ、その技巧だけではなく、風刺や諧謔《かいぎやく》を競うことが盛んである。なかには田畑に立てることを想定していないかのような作品も見受けられる。人形に人間の意志を込める伝統は、生産の場を離れて自由に飛翔する方向へと進んでいるようである。

七五三と産土神

子どもたちを美しく着飾らせて、その成長を祝う行事が七五三で、現代の通過儀礼としてほぼ定着している。その一方で、人は成熟していくにつれ、一定の年齢が節目となることを気にして、「厄年」と称し、何らかの儀礼を行うことも地域によっては根強く残っている。

単純に歳を重ねていくことが、ある時期までは祝い事であり、特定の年齢以上になると厄災がふりかかってくるとされているのは、矛盾しているようにも思われる。しかし、やがて還暦あたりから、再び歳を重ねてきたことを喜び祝う感覚が浮上してくることから、個人の年齢に沿って一連の民俗的な感覚が正負の両面にわたって表出する儀礼であることが了解されるのである。

子どもの無事な成長を祝うことは、日本の伝統的習慣のように受け取られるが、実は江戸時代後半から始まった比較的新しい習慣であることが民俗学では指摘されてきた。十一月になると至るところで晴れ着を身にまとった子どもたちを見かけるようになったのは最近のことで、それ以前は髪置き、紐解き、帯祝いといった子どものふだんの髪型や服装の変わり目を意識することの方が普遍的であった。

こうした地域ごとの成長の節目が、大都市である江戸で包括的に祝われるようになり、近代に入ると、なくてはならぬ祝事として、百貨店などの宣伝がそれに拍車をかけていった。やがて、地方でも七五三を意識するようになっていったのである。

そこには地域ごとの民俗が都市空間のなかで混ざり合い、新しい民俗が生まれていった過程が刻み込まれているともいえる。さらにいったん成立すると、それが新たな標準的儀礼として地方にも影響を与えるようになっていく。七五三からはこうした習慣や伝統の変貌、あるいは都市における民俗の形成という新たな視点を導き出すことができる（宮田登『冠婚葬祭』）。

七五三には健やかに成長した子どもを、ここまで見守ってくれたカミに報告するという意味あいもある。その際に問題になるのは、どの神仏に詣でるか、という点で、江戸では、永田馬場山王宮、神田明神、芝神明宮、深川八幡宮、市ヶ谷八幡宮、赤坂氷川社、湯島天満宮、浅草三社権現などに多くの参詣者があったことが、天保九年（一八三八）に刊行された『東都歳事記』には記されている。成長の新たな節目を迎えて神仏との縁を新たに結ぶことがそこには意識されているともいえよう。

その際に、これらの神が、産土神《うぶすな》として意識され、江戸の人々が、土地神として尊崇を寄せていたことがうかがえる。神仏がその地域に生活している人々を守護するという信仰が江戸でも生きていたことが確認できるのである。

民俗というと農山漁村に展開したものと解釈されることが多いが、都市に生活する人々の意識にもそうした要素は認められるのであり、そのこと自体も既に百年以上の伝統を持っているのである。都市に生きる人々と神仏との関わりを意識させる行事が七五三であるともいえる。

七五三には人間の成長ばかりではなく、都市的な生活における神観念の成長、進展という問題も見出すことができるのである。

エビス神の性格

旧暦十月二十日をはじめ、十一月の二十日、あるいは年を越して正月の十日とするところもあれば、二十日とするところもあるなど、エビスさんを祀るエビス講の日取りは一定していない。

　今、思わずエビスさん、と書いたように、エビス神は神社の奥まったところに鎮座している重々しい神というよりも――もちろん、西宮神社をはじめ、そうした祀られ方をしている場合も少なくないのだが――、農家の神棚の横や、漁村の港を望む場所などに日常の暮らしのなかにとけ込むようなかたちで、親しみやすいイメージで祀られてきた。そして現代でも人気のあるカミの一つではないか、と思われる。

　エビス神は祀られているところによってその性格はまちまちで、商家では商いの神、農耕地帯では田の神、漁村では大漁をもたらしてくれる神として信仰されている。いずれにしても幸福をもたらす神として信仰が発展してきたことがうかがえる。

　もともとは漁業の神で水界からの幸福を意識していたものが、漁村と関わりの深い商業と結びつき、やがて農村にもエビスの信仰が浸透していった。この場合、「百姓エビス講」と言うのは、町場や都市で商人たちが尊崇する場合との違いを意識した言い方であろう。この日には鮒や泥鰌などを生きたまま供え、祭りが一通り済むとそれを井戸などに放したりした。エビス神と水界との関わりが、かすかに残っているとも言えるだろう。

全国各地に残るエビス信仰のうち、東日本の農村部に十月や一月の二十日にエビス講を行うタイプの信仰が広がったのは寛文年間（一六六一〜一六七三）以降のことで、西宮神社のエビスの神像を描いた札の配布が幕府によって認められたことが大きな契機となったであろうと、田中宣一は「エビス信仰の伝播と神去来伝承の複雑化」（『年中行事の研究』）で考察している。火事によって失われていた西宮神社の社殿の修復が寛文三年に完成し、以後、社殿の維持と費用を調達するためにエビス神札の頒布が盛んとなり、とりわけ寛文七年には幕府の裁許によって、その配布行為が保証され、組織が整えられていったのである。

こうした江戸時代の宗教統制の記録から逆に民俗への影響や信仰の変容を探るというのは、多くの新しい研究上の視点をもたらす可能性がある。類似の遠隔地の寺社への参詣やあるいは勧請といった行為を検討していく糸口にもなるだろう。

西日本ではエビス神は耳が遠いという奇妙な伝承があることにも注意しておきたい。大阪の今宮戎神社などでは、通常の参拝だけでは不充分のように思われるのか、特に念入りに祈願をする場合には、拝殿の裏手に回って、羽目板（現在では円形の金属板が二枚据えられている）を強く叩いて拝むことが行われてきた。こうすることでエビスは人々の願いをようやく聞き入れてくれると信じられているのである。

強く叩いて、祈願の内容をカミに伝えようとするこうした行為には、神に敬意をはらうという要素は比較的微弱なようである。それよりも、ふだんの生活のなかで、隣人のように神仏とつきあってきた民俗信仰の特色を示すものだろう。知り合いや友人の肩を叩くような感覚ではないだろうか。

こうした祈願方法は、庶民生活のなかに遺されてきた古い信仰の伝統につながっている可能性をここでは指摘しておきたい。エビスの多様な性格とそれらが進展してきた道筋は、民俗信仰そのものの重要な側面を示しているのかもしれない。

福の神の歴史

福の神といえば、恵比寿と大黒とがまず思い起されるだろう。どちらの神も秋から冬にかけての時期に祀られることが多いが、その出自は恵比寿が漁村で大漁をもたらすとされてきたのに対して、大黒は農業地帯で豊作にまつわるとされてきた点に、顕著な対立をみてとることができるかもしれない。

代表的な福の神である恵比寿と大黒とが、それぞれ海の幸と陸の幸とを象徴していることは、日本人の幸福に対する感覚の源流に海産物と農産物の恵みがあることを示しているのであろう。農村における恵比寿講はその名残として位置づけることが可能である。

神道では恵比寿を事代主命とし、大黒は大国主命と解している。全国各地で講の行事として恵比寿や大黒を祀ることは盛んに行われてきたが、祭日が一定していないのはそれだけ多様な祈りや願いを長年にわたって受け止めてきたためではないか、と思われる。

一年の間についた嘘を祓《はら》うという誓文払いの行事は商人の祭りであり、世渡りのためにやむを得ずつく嘘を浄化する意図があった。それが関西で旧十月二十日前後に行われるのは、恵比寿講の影響であろうと坪井洋文は推測している（「嘘のフォクロア」『民俗再考』）。農村においては十二月八日が嘘を祓う日であって、特に中部地方ではムヒツ（無実）講と呼ばれ、ムジツ汁を作る習慣などがあった。嘘を祓うことで心身を浄化し、新たな年を迎える支度をしたのであろう。

漁撈の神であった恵比寿が商業の神になっていった具体的な経緯は必ずしも明らかではないが、魚類の流通やそれに伴う交易活動が、恵比寿を商いをつかさどる存在に転化させていったことは想像できる。漁村の恵比寿信仰が素朴な石や寄り神のかたちをとるのに対して、都市部や農村に浸透した恵比寿像は烏帽子《えぼし》をかぶり、釣り竿と魚籠を携えた定型的な姿となっていることもこうした想像を補強する。

一方、大黒はもともとインドの神で、仏教に取り込まれて日本に伝来した。寺院の台所などに祀られ、食物をつかさどるとされたが、インドにおいては悪しきものを倒す強力な戦闘力を持つ神とされており、初期の大黒天像は厳しい表情をしたものが少なくない。

中世の大黒信仰としては、正月に「大黒舞」と称して家々を訪ね、祝福の文言を唱え、舞を舞う芸能が行われていたことが京都や奈良ではよく知られている。その前提として『渓嵐拾葉集』に興味深い記事がある。それは巻四十の「大黒飛礫ノ法」というもので、大黒が背負っている袋から如意宝珠を取り出し、礫《つぶて》として授与するという説であった。この記事に着目した丹生谷哲一は、こうした招福につながる呪物に対して礫という認識がなされていた点にインド以来の戦闘神の性格が残されているのではないか、と示唆している（「山伏ツブテと大黒ツブテ」『検非違使』）。

一方、民俗信仰のなかでは、家屋の中心となる柱を大黒柱と呼ぶように、生活、とりわけ家屋とも深く結びついており、南九州では「デコッサア」と親しみを込めた呼び方をしている。小野重朗によると田の神と習合していることも多く、鹿児島県の薩摩川内市周辺では、小正月に新築の家や新婚の者がいる家に木や石で刻んだ大黒像を配り、代わりに供応をうける行事があった。これらの大黒は屋内の大黒棚に置かれ、家の繁栄をつかさどるとされていた（「大黒様」『民俗神の系譜』）。これらを中世の門付けの祝福芸としての大黒舞と直ちに結びつけることはもちろんできないが、大黒が時を定めて福を携え、異界から訪れるという観念には共通するものがあるだろう。

こうした行事や信仰には福の神がたどってきた長い歴史がそのまま多様な姿となって表現されているのであり、福というものをめぐる庶民の感覚をそこから汲み上げることも可能なのである。

ふいごの祭り

ふいごとは、鞴とか、吹子といった漢字をあてる。金属の精錬、加工などのために高温の火を作り出すために古くから用いられてきた道具である。旧暦の十一月八日は、そのふいごを用いる職人たちが、守護神を祀り、仕事を休む日とされている。

農民と比べてこうした職人の祭りには馴染みが薄いようにも思われるが、実は農業にも密接に関わり、農耕具を調製したり、修理したりするのに、ふいごを扱う職人が活躍する機会は多かった。城下町などに鍛冶の名を冠した町名や小路名が残っていることも少なくないのは、かつてのふいごが生活のなかで身近なものであったことを示している。

ただし、近代の急速な工業の発展はこうした金属を扱う古い職人の存在と伝承とをかき消してしまった。民俗研究上でもその重要性は認識されてはいるものの、中国地方を中心にその様相を調査、検討してきた石塚尊俊の一連の研究（「金屋の伝承」『鑪と刳舟』）を除くと、まとまったものはそれほど多くはない。以下、石塚の貴重な調査データと研究をもとに、ふいごをめぐる信仰について述べてみよう。

このふいごの守護神については、大きく三つに分類できる。

まず、火の神として普遍的な荒神を祀る場合がある。日常的に火を扱う鍛冶屋や鋳物師などが荒神を祀るのは、火のコントロールという側面から当然のように思われる。秋葉神や愛宕神を祀る場合があるのも、火のコントロールという面では共通する。不動明王を祀るというのも炎を背負う像容からの展開と考えられる。

次に、俳諧の歳時記類では、鍛冶に携わる人々は京都の伏見稲荷を崇めているとして、その祭りは「お火焚」とか「ほたけ」などと呼ばれると紹介される場合が多い。その理由は謡曲「小鍛冶」によると、京鍛冶の左近の氏の神が伏見稲荷であることによるという。ただし稲荷神が火の神としての性質だけを持っているわけではないのは周知のことであろう。

第三に、中国山地のたたらが盛んであった地帯では、金屋子神の信仰が顕著である。それは職人にとどまらず地域の氏神、産土神として祀られるようになっている場合もあった。金屋子ではなく、金山神社とか金谷神社となるとその分布はさらに広く、東日本にも見いだすことができる。

金屋子神の信仰は島根県安来市広瀬町西比田の金屋子神社を本社とし、中世以来の歴史があることが確認されている。「鉄山秘書」とか「金屋子縁起抄」と題されたこの神に関する縁起も書き残されていて、その伝承から、この特異な神格の素性をうかがうことができるのである。

また、そうした神格は断片的になりながらも、たたら師や鍛冶の間に禁忌や呪術として伝えられていた。とりわけ注目されるのが死の忌みとの関係である。「金屋子さんは血の忌は嫌うが死の忌は嫌わない」などといい、鉄がどうしても沸かない場合には「柱に死体を立てかければよい」とか、「くくりつけておくとよい」とまで言った。その一方で「血の忌」とは月経や出産をさし、妻がお産をした後は数日から一週間程度、たたらやふいごに近づかないようにしたという。

高温高熱の火とそれを扱う者たちを守護する神がなぜ、死の忌みを嫌わないのかについては、はっきりとした理由はまだ解明されていない。ただ、それらが日常の、しかも農業に従事する生活の論理とは全く異なったものであることはおぼろげながら理解できる。金属は冷却すると全く形を変え、硬く、また鋭くなる性質を持っている。このような金属を操る神は人間の死をも超越する力を持つ、と考えられていたのであろうか。すでにこうした金屋子神の伝承を知る古老たちも世を去り、この信仰が暗示する意味については、火と死といった人類学的な広がりのなかで考えていかねばならないようである。

大師講の伝承

旧暦十一月二十三日前後に「ダイシコ」（大師講）と称して、粥をたく行事が日本各地でかなり広く行われてきた。文化十四年（一八一七）の「越後国長岡領風俗問状答」は、屋代弘賢による「諸国風俗問状」に答えたものである（『日本庶民生活史料集成〈第九巻〉』、一九六九年、所収）が、その中でも「いかなる家にても団子入たるかゆを煮て供し侍り。箸は栗の木にて壱本を長く、壱本を短くす」とあって、団子入りのお粥に長さの揃っていない箸をわざわざ作って、供えていたらしいことが記されている。

ダイシコは高僧に与えられる大師号と結びつけて理解され、弘法大師をはじめ、智者大師、元三大師、あるいは達磨大師さらには聖徳太子などのことであると説明されている。そのこと自体が庶民生活のなかに仏教的な知識が浸透していった過程を表すもののようである。

粥をわざわざ煮るというのも、供物の一種として考えておいてよい問題である。餅や団子と同じように、粥もハレの行事を示す重要な調理方法であった。大師講では、たいていは小豆粥であるが、越後長岡領のように団子入りであった地域もあり、「丹後国峯山領風俗問状答」では小豆粥とともに雑穀食も供すると記されていた。必ずしも米の粥ではなかった点に、この時期に訪れ、祀られる神霊の性格が投影されているのかもしれない。すなわち、粥の中味から稲作だけではなく、畑作の守護を担う神格を想定することもできるだろう。

「越後国長岡領風俗問状答」では、先に引用した記述に続けて「こよひ雪ふればあと隠しの雪ふりぬといふ。是は智者大師こよひ里々をめぐり給ふに、みあしのあと人に見せじと、降雪なりとてしかいふとぞ」と述べられている。大師講には何らかの神霊の来訪があると信じられ、その痕跡を隠すために雪が降ると考えられていたことがわかる。

西日本の日本海岸では、旅の僧侶の姿に変じて訪れた大師をもてなすために、足の不自由な老婆が食べ物を盗んだため、その足跡を隠すために雪が降るのだ、と説明していた。窮余の末の一度限りの行為が、毎年の降雪と結びつけられていたのである。

東北地方でもこの時期の風雪を広く「ダイシコ（大師講）吹き」と呼んで意識していた。日本各地でこの時期に降る雪が、ダイシコと呼ばれる行事と何らかの関係があると考えられてきた点が興味深い。

「祭り雨」とか「清めの雨」といった、祭に際して僅かでも雨が降るという伝承は、神霊の降臨やその前提としての禊《みそぎ》の感覚があったことを示すという見解が、民俗学では有力である。ダイシコの雪もそれとつながるものなのかもしれない。

柳田國男は「大師講の由来」（『日本の伝説』）のなかで、「ダイシ」とは本来は大子とでも書くべきで、尊い神の御子の意ではなかったか、と述べている。時を定めて、冬の時期に訪れる神霊とそれに対する供物が、やがて回国する僧侶のイメージに変化し、伝承されてきた、とするのである。

寒さが厳しくなっていくこの時期に仕立てられる粥の温かさは、食文化としての伝統であるだけでなく、こうした季節の進行と結びついた神霊を迎える人々の心のぬくもりともつながっている。

霜月祭の神と仏

三信遠接境地帯というのは長野県と愛知県、それに静岡県の県境が接する地域をさす独特の言い方である。三信遠とは旧国名の三河、信濃、遠江の冒頭の文字を連ねたのである。

この地域では、年の暮から新年にかけて「霜月神楽」とか「花祭」、「雪祭」、そして「冬祭」と呼ばれる民俗芸能が繰り広げられる。民俗芸能研究の分類によれば、湯立《ゆたて》神楽であり、集落の社殿などに竈《かまど》をしつらえ、そこで湯をわかす。一昼夜あるいはそれ以上の間、湯立てを行い、日本全国の神々をそこに招き寄せて湯によって清め、再生を期するのだと説明されている。

もちろん、単に湯を沸かし続けるだけではなく、竈の周囲ではさまざまな舞いや踊りが次々と行われるのである。そこには神を招き、神とともに楽しむ民俗的な祭りの感覚をまざまざと感じることができる。

筆者も学生時代、この地域の神楽に幾年か通った思い出がある。長野県の遠山谷という天龍川の支流が流れ出る谷筋で十二月の上旬に次々と行われる遠山の霜月祭がそれであった。山あいの村の日がとっぷりと暮れてから、神社の拝殿のなかに人々が群集し、湯立てが始まる。やがて舞いが舞われ、さらに仮面をつけ、神や鬼となった村人たちの踊りが次々と披露されていく。そこに登場する神々は記紀神話の神々とも大きな神社の奥深くに鎮まっていると信じられている神とも違う不思議な感覚に包まれた存在である。

遠山谷の場合は、神楽の最後に登場する面は「宮天伯」とか、単に「天伯」と呼ばれている。宮天伯が拝殿の奥から登場する頃は明け方にさしかかっており、冷え切った空気が朝日に染まる頃に、一晩中、喧噪を極めた社殿の四方をゆっくりと鎮めに歩く仮面の神は威厳と親愛とがひしひしと感じられる。日本人が長い年月にわたって、信じ、祈りを捧げてきた神が眼前に現れたような気がしたものである。そこには徹夜で祭りを見極めた感動とともに青春特有の感傷もあったのかもしれない。こうした神とそれを信じてきた人々の研究をしたい、と思った。それが筆者の民俗学志望の大きな柱のひとつであり、その印象は今でも鮮烈である。

「天伯」という神はいったいどういう素性で、その分布はいかなる様相を呈するのか、についてはそれほど明らかにはなっていない。遠山谷の木沢という集落では「天伯」には何種類もあり、「宮天伯」は神社の森に住んでいて、社を守り、祭りの日に旗の番をし、種々の荷物を守るのだと言う（伊那民俗研究会編『山の祭り』）。「大天伯」「小天伯」と言われる神々もいて空を自由に飛び廻るなどとも言うから、天狗のイメージも付け加わっているのかもしれない。

愛知県東栄町ではこうした湯立神楽の系統の芸能を「花祭」とか、あるいは単に「花」と呼ぶ。この祭でも次々と鬼の面をつけた神々が登場し、新しい年の豊饒と安定とを約束する。演劇的な所作を通して神を感得していくのは、こうした民俗芸能の特徴であるのかもしれない。そこには神が強く意識されるが、実際は恐ろしげな鬼のような姿で、ひどく荒々しい所作を繰り返したりする。

「花祭」の前身として、幕末の頃まではより大きな規模の「神楽」が行われていたらしい。この地域の芸能を徹底的に調査した早川孝太郎は『花祭』の下巻で、この「神楽」をもできる限り復元しようと試みている。それは古老からの聞き書きといくつかの集落に残された記録とを丁寧につなげていく作業であった。

そのなかで興味深いのは「神楽」のための舞台をしつらえた後に、「東方ひがしは薬師の浄土の御すいしゃくの御本地と請じ殿附け候ぞ」と唱え、以下、南方観音、西方阿弥陀、北方釈迦、そして中央に大日如来とそれぞれの方向に向かって同一の文句を繰り返したという点である。これには明らかに仏教の如来や菩薩たちを招く意図が込められている。「神楽」の場には神ばかりではなく、仏もまた招かれていたのであった。日本人の宗教思想の根幹が神仏習合であったことは歴史学や宗教学からも指摘されている。民俗研究ではこうした神楽の世界にも仏たちを意識し、招くという儀礼があり、伝承されていたらしいことが重要であろう。三信遠の多くの神楽をこうした視点から再検討していく必要があるのかもしれない。

年越しの魚

新年を迎えるための年越しの食膳に何らかの魚を必ず用意するのは、民俗的な正月の性格を考える上で重要である。こうした魚を「年取り魚」とか「正月魚」という。海岸の長い日本列島は魚に苦労することはないように思われがちだが、山深い地域では魚の入手が困難な時代が長かった。冷凍設備がなかった時代には、遠距離を輸送する場合、干物にするか、塩漬けにしなければ魚を山間地に届けることはできなかった。西日本などで、御馳走のことをブエンといったのは「無塩」の意であり、塩をしていない新鮮な魚がかつては得難いものであったことが刻み込まれている言葉なのである。

それはもちろん年の終わりから新年にかけての時期に限らず、一年を通しての問題であった。しかし、なんと言っても一年の締めくくりであり、新しい年を祝う料理に神経をはらい、年末が近づくと周到に準備をすすめるのが伝統的な習俗であった。年取りの魚は大まかに西日本がブリ(鰤)で、東日本がサケであるとされるが、地域によっては様々な魚が用いられた。そして海辺から遠ければ遠いだけ、その運搬には色々な問題があった。

中部地方、とりわけ長野県下では、正月に食べる魚としてサケとブリの両方がみられる。いわば年取り魚の境界線がここに存在すると解釈されてきた。松本市では、正月に食べるブリのことを「飛騨鰤」というが、飛騨すなわち岐阜県の高山では、「越中鰤」とか「能登鰤」と称していた。これらはブリが水揚げされる地域をさしており、信州や飛騨では日本海のブリがはるばる運ばれてきて大晦日《おおみそか》から正月にかけての食膳を飾ったのである。

秋から春にかけて、特に初冬の時期に日本海沿岸で獲れるいわゆる寒ブリの美味しさはよく喧伝される。この時期に日本海に響く雷鳴を「鰤起し」というのは、産卵のために南下してくるブリの行動を気象条件と重ね合わせて理解してきたことを示している。

しかし、正月にブリが広く食べられるようになった時期については、そう古いことではなかった可能性があることが指摘されている。渡辺定夫の「松本―糸魚川間の正月魚＝ブリとサケの問題」（『民間伝承』三〇四、三〇五号）によると、正月にサケを食べる習慣は近世中期に既に確認できるのに対して、ブリが大量に供給可能になるのは明治末期以降の大敷網漁の発展によって飛躍的に漁獲量が増大してからであるという。従って、正月にブリを大量に消費できるようになったのは近代に入ってからではないか、と推測される。

またブリの神への供え方にも興味深い問題がある。長野県北安曇郡や南安曇郡では大晦日にブリを丸ごと一尾買い、それを解体して年越しの支度をするが、その際に尾の部分は木の棒に切り口を下にしてさして、オイビスサマ（お恵比寿様）に供える。そして身の部分は歳神に供えるという。この調査を行った胡桃沢勘司は、近世に磨鰤《みがきぶり》と史料に記載されたブリは頭や尾を切り落とし、骨を抜いて調理しやすく、また運びやすいように半身にしたものであったことを重視する。そして歳神に身だけを供える用い方が古い時期に行われ、一尾丸ごと信州の奥地まで運ばれるようになったのは後のことであることから、尾の部分を恵比寿神に供えるようになったのは、新しい祭祀のあり方であろうと推察している（「年取魚としてのブリ」胡桃沢勘司編著『牛方・ボッカと海産物移入』）。もともと漁撈の神であったエビス神が山間の村においても信仰されていくなかで、祭祀のありかたは揺れ動いていたのであろう。

年越しの膳に供せられる魚は人間の口に入るだけではなく、神々にも捧げられるものであった。そうした魚に対する意識は、交通、運搬の民俗と深く関わりあいながら今日まで伝えられてきたのである。

月日を数える

新しい年を迎えるためには、漫然と日を送るわけにはいかない。新しい時間を刻むためには、古い時間に区切りをつけなくてはならない。新年に向かう時期のあわただしさは正月の準備はもちろんだが、今年のうちに何らかの区切りをつけておきたい事柄が多くあることに起因する。

一年の区切りが大晦日から正月朔日の間にあり、除夜の鐘で一年を締めくくるというのは新しい感覚である。新年を冬から春への季節の変移ととらえるならば、その区切りは節分である。あるいは新暦は古くからの季節感とそれらに支えられた行事の意味を反映してはいないことを考えれば、旧暦の正月こそが区切りとなる。沖縄では現在でも、旧暦で正月を祝う慣習が広く生きている。

さらに一日のはじまりはいつか、というのも実は問題がある。時間感覚が時計によって普遍的に律せられるようになってからは午前零時という理解が生まれたが、それ以前の感覚を史資料から掘り起こして検討すると、夕方が一日の区切りとなっていたことが推察されている（平山敏治郎「一日のはじめ」『歳時習俗考』）。日が沈むと一日が終わり、夜の闇とともに新しい一日がはじまるという感覚がかつてはあったらしい。各地の古風な祭では祭日の前の晩から供物が整えられる場合が多いが、これは一日のはじまりに際して神事がスタートすることを示しているのだろう。

同じように大晦日の年越しの膳が慎重かつ周到に準備されるのも、一年の締めくくりではなく、新しい年の最初の食事であるためであろう。日が暮れるとともに新たな歳神に捧げる供物というのが、年越しの膳の古い本来の意味であったと考えられる。

また青森県下では十二月に入ると「神様の年取り」とか「カゾエヅキ」（数え月）と称して、毎日のように神祭りを行う習慣があった。南部地方の山間部の集落である新郷村西越、田中あたりでは一日は神明様、三日が稲荷様、五日がエビス様、七日が天王様、八日が薬師様、九日が大黒様、十二日が山の神様、十三日が虚空蔵様、十五日が三岳神社、十六日が農神様、二十三日が子安様、二十五日が天神様、二十八日が不動様の年取りであるといい、主としてシトギを供えた（青森県立郷土館編『西越・田中の民俗』）。米を砕いて作った粉を丸めたシトギは、餅とはやや異なるハレの日の供物であり、神饌として古い伝統を感じさせるものである。こうして次々と神仏を祀っていき、最後に新しい年の神が迎えられるというわけである。

同じ青森県でも陸奥湾に突き出した夏泊半島の漁村である平内町浦田では、似たようなかたちで神様の年取りが行われていたが、十二月一日はお岩木山の年取りで、十一日はオフナダマ様の年取りであるとしていた（青森県立郷土館編『浦田の民俗』）。南部地方の山間の新郷村とは異なり、津軽地方の海辺では津軽平野にそびえる岩木山の神を祀ること、船に宿る神霊であるフナダマ（船霊）様も祀るところに特色が見いだせるだろう。

家やなりわいにまつわる神や仏を一日ずつ祀りながら、一年間の加護に感謝し、明くる年の平安を祈る心情を、こうした行事からうかがうことができる。それとともに地域の神や出産にまつわる子安様のような神格にも怠りなく供物を用意する点には、一年のしめくくりから新年のはじまりにかけての時間が毎日の生活の流れとは異なる祭祀の機会であり、特に重視されていたことの表れとも言えるだろう。

押し迫った十二月の年の暮から正月元日を経て小正月と呼ばれる十五日前後にかけての期間は、一年のなかでも特殊な時間感覚があり、それらは神仏の祭祀に表現されているといえるのである。

トシの神

正月の時期には伝統的な知識や行為が華やかな年頭の感覚とともに思い起こされることが多い。正月の準備から新年の感覚が薄くなっていくまで、さまざまな民俗学的にも重要な行事が各地でおこなわれていく。

十二支の意識も久しぶりに年賀状などで思い起こされたりする。新しい暦やカレンダーをめくって、やがてくる季節に思いを馳せるひとも多いだろう。われわれの生活のなかには暦は三通りあって、ひとつは、現行の暦、新暦とか太陽暦というもの、もうひとつは旧暦と俗称し、正式には太陰太陽暦と呼ばれるものである。ただし、民俗学で重視してきたのはそのどちらでもなくて、自然暦という比較的狭い土地ごとの感覚に基づく生活のリズムであった。これは、草木の生長や鳥獣の動き、雪解けの形や風の吹きかたで季節の推移を感じ取るもので、正確詳細に算出された暦とは異なり、多分に大まかで、その一方で妙に心に沁みいるものであった。自然との対話、長年にわたって積み重ねられてきた経験知によって生み出され、伝承されてきた暦なのだ。それだけに人間的なものといったら冷静な暦学者に叱られるだろうか。

こうした自然暦のなかに、庶民の時間感覚を探る手がかりが表れている場合がある。新しい年はどのようにやってくるのか。泰然と座しているだけで時間が進行していくのではなく、正月支度を丁寧に進めていくことで、ようやく新年になるのであった。各地の伝承にあらわれる「トシガミ」という神は、そうした行為やしつらえの数々から帰納的に推測されるものであった。

トシガミ（歳神）棚というのは正月棚とも呼ばれることが多く、正月を迎えるためにはなくてはならないもののように考えている地方もある。一方で、奥座敷の床の間などを清浄にして、歳神という文字や媼翁の絵を描いた掛け軸をかける場合もある。中国地方では俵に幣束《へいそく》などを添えて、そこに神が宿るように考えてきた。

門松は、古くからこうしたトシガミの依り代と考えられてきた。寒い時期でも瑞々しい緑を保っている樹木を組み合わせて――従ってそれに用いられるのは松に限られるわけではない――、神霊が降臨する標識としたのである。ただし、それらは家々の戸口に設けられるものばかりではなく、屋内のトシガミ棚にも付随して作られる場合もあるし、台所の竈や便所など屋内外の生活の要所にも類似の飾りを置く場合があった。後者の場合は、家のなかで祀られている神霊に新たな時間の到来を確認する意味合いもあっただろう。かつて山梨県甲府市とその近郊では、「トシガミ様の注連（縄）は十二シメ」といったそうである（大森義憲『甲州年中行事』）が、この十二という数はやがて訪れる新年の月の数であったかもしれない。

もともとトシという言葉は年や歳という意味ばかりではなく、稲をはじめとする主要な作物の種を蒔き、無事に成長して稔り、収穫を終えるまでの一連の過程をさすものと考えられた（和歌森太郎『年中行事』）。そうした考えを伸ばしていくとトシガミとは、そうした農事農耕をつかさどり、見守る神ということもできるだろう。中国地方で俵をトシガミのように解することも、その点から説明ができそうである。

農事や生業が順調であれば、来る年もまた安楽で豊かなものとなる。そうした感覚は自然のものといえるだろう。その一方で、東北地方ではオミタマ様やミタマ飯などと称して、トシガミと並行して、しかもやや異なった祭祀をおこなう場合があった。箕などに小さく握り飯などを盛って仏壇などに供えるのである。この場合のミタマとは先祖の魂を意味すると考えられ、中世まで、年の暮れに死者の魂を祀っていたこと（『日本霊異記』上巻十二話、同下巻二十七話、『徒然草』第十九段ほか）と関連があるだろう。生活の歴史は、文字による記録だけではなく、こうした行事のかたちの中にも残っている。

また、そうした先祖の記憶や家の歴史と関連させて、各地でよく聞かれるのは、門松をあえて立てないとか、正月には餅を食べないといった独特の家ごと、一族ごとのしきたりである。トシガミの伝承が家をめぐる長い時間の流れにかかわるものである以上、そうした慣習にも心配りすることが大切だろう。正月の神を考えるには、地方やムラ（村）といった大まかなとらえ方ではなくて、家や親族ごとの習慣や言い伝えに目を凝らし、耳を傾ける必要があるものと思われる。

歳神の素姓と姿

新しい年の訪れを民俗信仰の観点から考えると、古い時間をつかさどった神が退き、新しい神が訪れるということになる。その歳神はどのような姿でどういった性質を持っているのだろうか。新しい時間の神というだけではあまりに抽象的でわかりにくい。

年末から小正月、すなわち十五日あたりまでの各地の正月行事をみていくと、多様な神の姿が伝えられてきたことがわかる。そのなかで、注目すべきものを取り上げながら、歳神の素姓について考えてみよう。

香川県長尾町多和では、歳神様のお迎えが新年の行事として意識して伝えられていた。小嶋博巳の指導によるノートルダム清心女子大学の学生たちの調査によると、元旦の若水を汲んだあと、床の間と神棚にろうそくをともし、玄関先の松明を焚き直して、家の主人が門先まで正月の神を迎えに行くという。この時に「お年月の神さん、今年も早々にお出でていただいてありがとうございます。ただ今から主と息子がかがり火たいて迎えにまいりました」と言い、白扇を目上にあげてそのまま床の間までいく。この扇子の上に神が乗っているのだと考えられている（「聞き書き香川県長尾町多和の伝承」『生活文化研究所年報』第九輯）。

こうした調査では、同じ四国の徳島県板野町大坂でも類似の聞き書きが得られている。同地の東谷では大晦日の夕方に家の代表が羽織袴の正装で神社に歳神さんを迎えに行き、提灯を持って「オンシュウメイハラリヤソワカ」と唱えながら迎えたという（「聞き書き徳島県板野町大坂の伝承」『生活文化研究所年報』第十三輯）。

正月の神を迎えるにあたって正装をし、火をわざわざ灯したりする点に古風な伝承の趣を感じることができる。大晦日から新年にかけての時間にわざわざ家の前で火を焚く習慣はごく近年まで、実際には行わないにしろ、古老の記憶のなかに生きている場合があった。筆者自身も青森県下北半島の山中の村で「ご先祖様を暖める」ために昔は大晦日に家の前で火を焚いたものだ、と述懐してくれた古老に出会ったことがある。

単純に結びつけることはできないが、こうした火をめぐる伝承から盆行事との共通性を見いだすことができるかもしれない。だとすると歳神は先祖の霊魂がかたちを変えたものだと推察することも許されるのではないだろうか、というのが民俗学の伝統的な見解である。

しかし、それだけではなく年末から新年にかけてはもっと恐ろしい、扱いに慎重でなければならない存在が訪れると考えられていた地域も少なくない。有名な秋田の男鹿半島のナマハゲや山形県遊佐町のアマハゲ、岩手県三陸町のスネカなどは異形の姿で家々を訪れ、子どもや嫁などに訓戒を与える存在であった。必ずしも正月行事ではない場合も多いが、神の来訪によって新しい時空が開かれるといった感覚がかつてはあったようにも思われる。

山形県山形市の立石寺周辺では「厄神の宿」と呼ばれる行事が行われていたことに丹野正が注目している。この行事は大晦日の晩に家の主人が正装をして橋のたもとや村境に出かけて行き「厄病の神様、早かったなす。…どうか、おら家さござってけらっしゃい」と声をかけ、家の奥座敷にまで丁寧に案内をするというものである（「厄神の宿」『民間伝承』十六巻十二号）。丹野によると同県新庄市では、小正月の晩に入浴して身を清めた主婦が、やはり家の入り口で火を焚き、「福の神様、これよりお入りください。福の神様、よくござりました」と言って福神を迎える家もあったという。

厄神は丁寧に歓待することによって、悪しきことをせずに、その家を守るようになるのであろうと考えれば、福の神を迎える心意とそう大きな差はないとも言えるだろう。歳神の根源に祖霊の要素がある一方で、新しい時間を幸福なものにしようとして、神々を迎える演劇的な所作が形作られてきたのかもしれない。そうしたなかでナマハゲたちのような恐ろしげな姿も登場してきたのであろう。

小正月の火

正月には二つある。それは、旧暦と新暦といった暦法の違いによるものではなく、正月元日を中心とする大正月と十五日を中心とする小正月である。

この二通りの正月のどちらが根源的なものであるかは、民俗研究の上では論争が繰り広げられてきた。暦の上で一年の最初にさまざまな行事が集中するのは当然であるのに対して、月の運行、満ち欠けを区切りとする感覚が古いのではないか、という見解は注目してよいだろう。この小正月を「女の正月」という地方が少なくないのも、何か大正月に代表される公式の暦法の感覚に対して、農耕をはじめとする生活のリズムが本来的に持つ感覚を示唆しているようである。

小正月の時期におこなわれる民俗行事は大変に多様であって、それぞれに深い意味を持っている。ここではそのなかで、火祭について考えておきたい。

小正月すなわち十五日近辺に「とんど」、「鳥追い」、「左義長」、「さいとう焼き」、「おんべ」等々、きわめて多様な言い方でおこなわれる行事を小正月の火祭と総称している。地域ごとの呼称はさまざまであるが、元日から続いた大正月に区切りをつけ、家ごとではなく、ムラや地域の集団によって、それも子どもたちが中心になって——大人たちは手伝いや裏方にまわる場合が少なくない——、盛大に火を焚くことを軸としておこなわれる、という点が共通している。

神奈川県城山町ではかつて「どんどん焼き」と称して、子どもたちが正月の飾りを各戸から集めることからこの行事の準備が始まった。大人たちはムラの広場にこれらを十四日までに円錐状に積み上げておいて火をつける。この火で、繭玉団子をあぶって食べると病気にならないといったという（『城山町史 4 資料編 民俗』）。

こうした行事の準備は、はやくからおこなわれ、静岡県沼津市近郊ではオンベと称して子どもたちが、正月早々に「オンベコンベ」と声を出しながら竹を集めていた（『沼津市資料編 民俗』）。東京都多摩市の場合はセーノカミ（賽の神）と呼ばれ、大人たちが人が入れるくらいの大きさの小屋を松や竹、正月飾りなどを用いてしつらえ、十四日の夕方に火をつけたという（『多摩市史 民俗編』）。

農作業の妨げになる害鳥、害獣の類を儀礼的に追い払う鳥追いと結びついている場合もあり、その場合も子どもたちが主役であることが多い。有名な秋田県横手市のかまくら行事は水神を祀るという説明がなされるが、近隣の類似の行事と考え合わせると、子どもたちによる鳥追いや火祭の要素を持つ小正月行事の一環で、雪国らしい要素が強調されるに至ったものと考えられる。

神霊との関わりからすると、こうした行事の際に意識されるのは、多摩市の場合などに明らかなようにセーノカミすなわち道祖神であることが注目される。ふだんはムラはずれの路傍に佇んでいるこの神が小正月の火祭の際は主役となる。火が焚かれる場所は、安全の面からも、そうした道祖神が祀られている場所である場合が多く、特に静岡県伊豆地方などでは、わざわざ道祖神を小屋の中に移して火で炙る場合もある。神を火にかけるなどとんでもないことのようだが、これが古くからの民俗的行事のやりかたであることを考えると、われわれが失ってしまった深い意味合いを、こうした荒っぽい行事のなかに見出すことができるだろう。

一年の最も寒い時期に火を用いて神霊の活性化を図るという心情が、あるいはあったのかもしれない。さらに、こうした小正月の火祭の担い手が子どもたちであったことを重ね合わせてみると、時間の変わり目である正月という時期に、ムラの境や路傍といった空間的な境界で、やがて大人になっていく子どもたちによって祭がおこなわれるということになる。すなわち、時間と空間の境目に、ふだんは祭の主役ではない——通常のムラの祭は、成人した男子の義務であった時代が長いことはよく知られている——、しかし、やがて大人になっていくムラの子どもたちによって、新年を迎える祭儀が伝承されてきたのである。

小正月の火祭はそうしたいくつかの境界的な感覚が重なり合って新年という時間を迎える行事なのである。

年占

正月にはその一年の行末を予測する占いが、さまざまなかたちで行われる。正月行事に共通する性格として、これから訪れる時間を佳きもの、幸福なものにしようという予祝の心情があることは理解しやすいが、一方で敬虔な気持ちで来るべき時間を推測しようとする年占という行為が伝承されてきたことにも注意しておきたい。

柳田國男の『遠野物語』は岩手県遠野郷の伝承を書きとどめた民俗学の古典だが、その文学性や成立過程に関する議論が盛んな一方で、その中で記された伝承や事件の数々を近隣の類似した民俗や記録と比較して分析する研究はそれほど盛んではない。民俗の記録を一定のまとまりを意識して整理したものを民俗誌というが、岩手の内陸地方の民俗誌として『遠野物語』を再び取り上げることがあってもよいように思われる。

正月の年占《としうら》も『遠野物語』には採録されていて、それも複数あるのが目をひく。一〇四条には「月見といふは六つの胡桃の実を十二に割り一時に炉の火にくべて一時にこれを引き上げ、一列にして右より正月二月と数ふるに、満月の夜晴れなるべき月にはいつまでも赤く、曇るべき月にはすぐに黒くなり、風ある月にはフーフーと音をたてて火が振ふなり。……」とあって、月の様子を予め年頭に窺い知ろうとしていたことがわかる。

次いで一〇五条では世中見という占いが紹介されている。これは小正月の晩にさまざまな種類の米で餅を作り、同種の米を膳の上に敷いてその上に餅を伏せ、さらに鍋をかぶせておくのだという。翌朝に餅についた米粒の多いものが、その年に豊作になる種類だというのである。

育てる米の品種の選択がこうした占いの興味の中心なのであった。餅と米粒とをともに用いるのは、稔った米をついて餅にすることが稲作過程の民俗的なゴールであったことをよく示している。餅にくっつくというのはやがて餅と同化する、すなわち健やかに育って餅になるという暗示なのであろう。

年占にはこうした稲作、米作りに関するものが少なくない。とりわけ、米の粥を作りそれに管をさし入れ、米粒の管の中への入り具合で豊凶を占う粥占は広く行われている。寺社などで行われる粥占の結果で、その年の作物の出来不出来を知ろうとすることも多かった。そうした際に、米以外の農作物についてもこうした米の粥で占う点に、米が単なる作物の一つではなく、他の作物と比べて特に重視されていたものであることに気づかされる。農作業をつかさどる神霊は、米を通してその意志をわれわれに伝えるのだと考えられていたのである。

そうして見ると遠野のこの種の占いが「世中見」と呼ばれていたことにも立ち止まっておくべきだろう。この占いで「見」る、すなわち予想しようとしているのは、米の出来なのであり、それこそが「世」なのであった。世の中の様子はまずもって米の出来具合そのものであるという感覚がここには生きている。人びとの生活の明暗が米作りをはじめとする農という営みと深く結びついていた時代が、日本ではとてつもなく長かった。そうした感覚と記憶とをわれわれは失いかけているように思われる。

年頭の鬼

寺院で年頭に行われる法会を「修正会《しゅしょうえ》」と称する。正月に修する法会といった意である。お水取りと俗に言い習わしているのは、奈良東大寺の二月堂の修二月会で、こちらは修二会ということになる。

修正会、修二会はともに仏教の儀礼ではあるが、一年のはじめに大きくは国家の安穏、身近では心身の健全を祈るのは普遍的な感覚であろう。そこには民俗的な心意を見出すことも可能である。民俗学では仏教の教説よりもそうした年頭において、新しい年が良い年となるように祈ることを重視し、そちらが本来的なものであるととらえてきた。

そのように考えることで、ムラやイエの行事との共通性を見出すこともできる。節分を経て立春に至る暦の上での新年にはさまざまな儀礼が行われる。現在では厳寒の時期に行われる儀礼や芸能が、実は春の喜びを表すものなのである。

このことは、これらの儀礼や芸能が、今後の一年間を幸多いものにしたい、という予祝の側面を強く打ち出しているという見方を可能にする。そこでは祭儀や芸能、行事が複雑に重なり合っているが、そうした状態を整理していく糸口が、立春とその周辺の寺院行事には見え隠れしている。

東京浅草の浅草寺は古代以来の伝統を誇る寺院であるが、そこでの正月の儀礼は二重になっていることで知られる。観音堂で大晦日から正月六日にかけては修正会が行われ、除災や招福の祈願が行われる。密教的な要素とともに陰陽道の趣も見出すことのできる大寺院ならではの厳粛なものである。

さらに正月の十二日から十八日にかけて、再び観音堂で温座秘法陀羅尼会が修される。この二つめの儀礼は、正徳二年（一七一二）に岡山の金山寺から伝わったものであることがはっきりしている。温座というのは、二十四時間にわたる法会が七日間続くため、導師の座が絶えず暖められていることを示すのだという（長沢利明「浅草寺の正月行事」東京都教育委員会編『東京都の祭り・行事』）。

この二つめの年頭の儀礼は、こうしたいかめしい名前ばかりではなく、最終日、結願の日の様相から「亡者送り」として知られている。先の長沢利明の報告によれば、結願日の正月十八日夜には、最後の観音経の読誦が終わると堂の奥から青鬼、赤鬼が登場する。鬼たちは松明を手にして、それを時折、地面に叩きつけながら、裏の銭塚地蔵堂へと向う。

地蔵堂脇にはあらかじめ穴が掘られており、そこには鏡餅が入れられている。鬼たちの松明もその穴に投じられてしまい、亡者送りが終了する。

鏡餅は本堂において捧げられていたものであるが、曠野に住む餓鬼や魑魅魍魎の類への供物として、あらかじめ、ひそかに運び出されている。そしてこれを「曠野神供」と呼ぶのは、盆の施餓鬼供養と同じ意味合いであるとされている。突然出現する鬼は、そうした餓鬼に見立てられ、「亡者送り」というのは、年頭にあたって仏法の力で餓鬼たちに施しをし、それらを送り出してしまう演劇的な所作を端的に言い表したものなのである。

寺院のしかも年初の儀礼の締めくくりに鬼が登場するのは、こうした事情や民俗的な意味を知らないと奇異に感じられるかもしれない。しかし、日本各地の立春前後の神楽や祭儀のなかに鬼の姿をしたものが登場することは実はそれほど珍しいことではない。

各地の仮面を用いた神楽の鬼たちは招福の力や邪気への対抗のため、荒々しいしぐさをし、奇怪な声を発するが、その性格は神に近いものであった。にもかかわらず、鬼の姿をしているのは、どこかしら亡者すなわち死者のイメージをたたえているからではなかったか、と気づかされるのである。年の変わり目が、実は死者を祀る機会でもあったことは民俗学の重要な主張のひとつであった。そうした感覚が寺院の正月行事には紛れ込んでいるともいえるのだろう。

道祖神のかたち

正月の十五日前後、いわゆる小正月は、現在では正月気分がすっかり消える頃合いであるが、かつては年頭の大正月と並ぶ大きな節目であった。改めて餅をつく場合もあったし、繭玉を飾ったりして、「女の年取り」「女正月」などという言い方もあった。

行事としては「左義長」、「トンド」などと呼ばれている火祭がこの小正月の時期に各地で行われる。正月の飾りや書き初めをこの火で燃やすことにより、天に返すとか、祓い清める、といった感覚をそこには見出すことができる。

福島県南郷村教育委員会による『奥会津南郷の民俗』には、この正月十五日の行事として若い衆（青年たち）が山から大木を切り出して雪が降り積もった田に「オンベ」と呼ばれるものを組み立てることが記されている。夕方になると、これに火をつけ、餅をあぶって食べたり、火の周りで厄年に当たる者を胴上げしたりしたという。胴上げも厄祓いの方法であったことがわかる。

こうした小正月の祭の中核となるカミが道祖神である。このことはさまざまな意味で興味深い。普段は路傍にぽつんと祀られているものが、子どもたちや青年団によって火祭の中心に位置づけられることが多いのである。

静岡県伊豆地方をはじめとするいくつかの地域では、小正月の火祭について、疫病神と道祖神とを関連させた伝承がある。それは疫病神が新しい年に病気にする人の名を記した帳面を道祖神に預けているので、道祖神ごと燃やしてしまうのだとか、あるいは道祖神が、疫病神に帳面が火事で燃えてしまったと言い訳をするために積極的に火祭をしなければならない、というものである。

ここには、神仏は社殿や堂舎の奥深く丁寧に祀られるべきだ、という感覚とはかなり異なり、エネルギッシュな感じさえ漂う民俗的な祭祀の伝統が表れている。

道祖神は「ドウロクジン」とか「サイノカミ」（塞の神）などさまざまな呼び方があるが、そのかたちもまた多様である。すぐに想起されるのは信州安曇野などでよく見られる双体道祖神と呼ばれるタイプのもので男女が寄り添うかたちで刻まれている。しかし伊豆地方では尼さんのような姿のものをかなり多く見かけることができるし、それ以外に単体で刻まれる地域もまた多い。

ユニークなのは山梨県に広く見られる丸石を道祖神として崇めるもので、単体で存在しているものもあれば、「道祖神」と文字で刻まれているものと一緒に祀られる場合もある。また縄文時代の石棒やそれによく似た男性器をかたどった石を道祖神として祀る地域も少なくない。

相模民俗学会の『民俗』一九九・二〇〇号と西郊民俗談話会の『西郊民俗』二〇〇・二〇一号がいずれも合併号として増頁した上で道祖神特集を組んでいる。道祖神研究は民俗学のなかでも古くて新しいテーマであることがわかる。

なかでも後者の近江礼子「茨城県の道祖神信仰」では、地名や神社名、石塔などに注目した上で、子授け、安産の祈願が道祖神に寄せられていることが報告されている。近江によれば、下妻市高道祖の高道祖神社では、旧暦一月十四日に当番の氏子たちが紅白の餅で作った「塞《さや》り棒《ぼう》」が頒布される。これは白い餅で男性器をかたどり、赤い餅で女性器をかたどったもので、夫婦円満、子授けに御利益があるという。道祖神の性格が性器のかたちに象徴的に示されているのであろうか。石棒などを道祖神として祀ることとの関連からも考察していきたい問題である。

道祖神は境界の神であるとされることが多いが、それは村境などの空間的な境界に関わるだけではない。正月という時間の境界に、さらには生命の誕生という観念的な生死の境界にまで関わっている神なのである。

おわりに――歳時民俗と俳句的世界

歳時民俗とか歳時習俗という言い方は、今日の民俗研究としてはそれほど多く用いられるわけではない。むしろ年中行事という言い方でこうした習俗をとらえ、その分布やバリエーションあるいは構造といった点に着目して、調査がおこなわれ、研究が深められてきた。その対象とされてきたものの中には、現在では忘れられかけているものや大きく変貌してしまっているものも少なくない。

柳田國男によって組織的な調査研究と比較分析が進められるようになって、日本の民俗研究は飛躍的に発展を遂げたといえるだろう。そしてその成果として、研究面でも多くの仮説が提示され、年中行事が全体的にとらえられるとともに、その基本的な枠組みや歴史的な推移について、多くの見解が提出されてきた。そうした大部分の研究の軸となるのが、時間に対する民俗的な感覚である。

歴史学の時間と民俗学の時間

一般に時間は不可逆的なものであり、一度通り過ぎた時間は二度と戻ることはないとされてきた。サイエンス・フィクションにおいてタイムマシンの趣向が古くからもてはやされるのも、そうした時間の基本的な性格によるところが大きい。しかし、ここで立ち止まっておきたいのは、習俗の次元における時間は反復するものであり、とりわけ日本列島においては四季の循環として意識されてきた側面があったことである。過去から現在、そして未来へという一方向の時の流れに対して、民俗における時間は、繰り返しであり、反復という、あたかも円を描くような構造を持っていた。

このことは、人間の過去の営みをとらえる学問としての歴史学と民俗学との基本的な差異にもつながっている。歴史研究における過去は絶対的なものであり、それぞれの時代に生きた人間と、そこから生みだされてきた社会や文化をとらえようとする。それに対して民俗学がこだわってきたのは相対的な時間感覚であり、そこでの生活や文化は、反復し、場合によっては再生と意識される場合があった。継承され、展開していく歴史に対して、循環していく時間を意識することが民俗研究の要諦であった。そのことを端的に示しているのが歳時民俗、年中行事なのである。

本書では日本民俗学の長年にわたる調査研究の成果を参照して、歳時民俗の様相を列島上の人びとの信仰に軸足をおいて探ることを試みた。その際に留意したのは、歴史的な現象としての神仏習合や明治以降の神仏分離ではなく、日常の暮らしのなかで季節の移り変わりに即して伝えられてきた、神霊や妖怪をめぐる伝承であった。

歳時記と民俗

こうしたさまざまな民俗のなかの神仏や精霊・妖怪を取りあげる規準として、本書で意識してきたのは、俳句における歳時記である。歳時記とは俳句に用いられる季語を四季に分けて解説したものであり、そこには日本の季節観が季語というインデックスによって集約されている。本書で取りあげた各項目は俳句における季語の背景や基盤を民俗研究の知見によって見直そうとして設定したものに他ならない。

筆者は近現代における俳句の創作と鑑賞において民俗の知識が生かされる場面は少なく

ないと考えている。そのいくつかを以下に示してみよう。

初午や神主もする小百姓　　村上鬼城

稲荷の祠を祀る様子を初午という機会にとらえたもの。規模の大きくない農家にも、稲荷の祠があり、家ごとの祭りが営まれていることを詠んでいる。北関東ではこうした屋敷神として稲荷が祀られている家が少なくない。

石段にかゝぐる袂知恵詣　　阿部蒼波

知恵詣とは十三参りのこと。虚空蔵信仰において、十三歳になった子どもたちが知恵を授けてもらうために参詣する様子を詠んでいる（春の章、十三参りと虚空蔵菩薩、参照）。晴れ着の袂を気にしながら石段を登る姿の初々しさをとらえている。

寝白粉香にたちにけり虎が雨　　日野草城

虎が雨は曾我の涙雨ともいう。曾我十郎の恋人、大磯の虎の流した涙が雨となるという意味の季語であるが、その故事を寝床にあって思い起こすことになっている（夏の章、曾我の涙雨、参照）。いにしえの恋と今の恋との二重写しになっている句である。

海の日焼子山の日焼子地蔵盆　飯田龍太

盛夏、初秋の行事としての地蔵盆は子どもたちが主役となるが、そこに集うのは夏の間に日に焼けて真っ黒になった子どもたちであるという句。地蔵盆の活気とそれを担う子どもたちの姿を描いている。子どもと地蔵との組み合わせはさまざまな民俗を生みだしてきた（秋の章、子どもと地蔵、参照）。

恙なき二百十日の入日かな　伊藤松宇

二百十日は天候が荒れることで知られている。それにまつわるさまざまな伝承があり、祈願の民俗があることは秋の章の「二百十日と風切りの鎌」で述べておいた。収穫を目前にして、台風などの進路に気をもむ頃である。それが何事もなく、無事に過ぎたので、安心して夕日を見つめている。ふだんとはいささか違う一日の終わりである。

のり出して大根ふとる十三夜　　櫻井いづみ

畠の作物の成長は、田の稲とは異なった趣がある。短期間に伸びる大根を「のり出す」と詠んで、その生命力を讃えている。大根の鮮やかな白い色も神秘的であり、神霊との結びつきを予感させる。冬・新年の章の「大根の誕生日」ではそうした大根をめぐる民俗について考えたのだが、この句はそれとよく対応した描写をしている。

年の瀬の煤にまみれて竃神　　黛　執

暮れに近づくとかつてはどの家でも煤払い、大掃除をしたものだった。竃の火を守る神もその対象である。というよりも、人とともに民家に息づく神である竃神が、清浄とはほど遠い空間で家族と同様に煤まみれになっている様子が切り取られている。

左義長へ行く子行き交ふ藁の音　　中村草田男

小正月の火祭りもまた子どもたちが主役となる。冬・新年の章の「小正月の火」はそうした子どもにまつわる民俗の意味について触れてみたが、この句の舞台は雪深い土地であろうか、集まる子どもたちは皆、藁で編んだ雪ぐつを履いている。暗闇のなかでその藁で雪を踏みしめる音が響いている。

どんどの火消え道の神また眠る　　宮津昭彦

小正月の火祭りが終わると、その中心であった道祖神はまた、路傍に静かに鎮まることになる。祭りの終わりを擬人化して「眠る」ととらえたのは、この祭りが夕方から夜にかけてのものであることを示している。

季語の力

ここまで見てきた俳句からは民俗的な感覚が見事にとらえられ、文芸に昇華していることが理解できるだろう。俳句は近世の俳諧と異なり、一句一句の独立性が高く、またその解釈は多様で、時には作者の意図から離れて新しい読み取りを許す場合さえある。ごく短い詩型に無限の拡がりを保証するために、俳句には季語が用いられ、季語を織り込むことで、伝統に連なりながらも自由度も保証される。

宇多喜代子が季語について「いまの作句に役立たないものは死語として抹消されてゆきますが、その言葉の一つ一つが先祖の願いや知恵の結晶であったことを思うと、いとしさはますますつのってくるのです」(『新版　里山歳時記』)と述べたのも、そうした季語の力をふまえてのことだろう。

そういえば、

亡き人の先にきている冬座敷　　宇多喜代子

も単なる追悼の句ではなく、本書の「はじめに」で述べたように、冬という季節にもまた死者供養の民俗的な伝統のあることが想起され、一層味わいが増すように思われる。季語だけではなく、それを支えている季節感をふまえることで俳句の創作と鑑賞は深まっていくだろう。

優れた俳句は情景や心情を切り取ってみせるだけではなく、その基盤となる感覚が民俗的な知識や経験と接続していくことがある。歳時民俗の知識は民俗学にとどまらず、俳句のような短詩型文学にも深い関わりを持つのである。

木曾のなあ木曾の炭馬並び糞《ま》る　　金子兜太

は最初に有名な信州の民謡「木曾節」が響く。その唄声は木曾谷に余韻を残して消え去ろうとするが、目の前の木曾馬はそうした抒情とは無関係に糞をひり出す。民謡の多くは労働歌であり、自然との対峙のなかで歌い継がれてきた。そのこともまた思い起こさねばならない。炭を背負う馬はこれからどこまで行くのだろうか。この句には木曾の歴史と民俗が結晶していて、またそれが民謡を歌う肉声によって躍動してもいる。民俗そしてそれを生みだした生活がここに凝縮しているのである。

　これは単なる写生ではなく、それ以上の造型である。金子兜太は正岡子規の写生論に対して、現実と自分とを二物対応ではなく、第三の自分に取り込んでドロドロにしてしまう、と自らの方法的な立場、造型論を示している（『語る　兜太――わが俳句人生』）。その際の触媒となるのが季語であり、その民俗的な深さだということはできないだろうか。

歴史・民俗・文芸

　歳時民俗を考えることは歴史学的な時間とは異なる時間を意識することである。そして歳時にかかわる季語に結晶する民俗が存在することを考えると、ようやく、歳時民俗の位相をはっきりと定めることができるように思われる。季節の進行のなかに神仏や精霊としてくり返し表出してきた民俗は、それ自体はごく小さな行事にまつわる伝承に過ぎないものの、労働や信仰といった生活の根幹と結びついて形成されてきたもので、そこには文芸的な表現にも似た感情が伴ってきた。行事がくり返され、神仏を意識することは、先祖から受け継いできた生活を受け継ぐことである。そこに文芸的な表現が交じることは不思議ではない。

本書は季節のなかに神仏の姿が見え隠れすることを歳時民俗としてたどり、確認してきた。そうした行事の一つ一つに日常生活の凝縮があり、そこからさらに俳句のような文芸へと飛躍する可能性が宿ってもいるのである。歳時民俗は歴史学とは異なる時間や過去との接点であると同時に、そうした記憶や経験の重なりを文芸として表現しようとする際の拠りどころになるものである。

歳時民俗は歴史と文芸の両方へと伸びていく可能性を常に秘めている。本書は民俗学の成果をふまえつつ、それを確認したのである。

あとがき

本書の原型は飯塚書店のホームページに連載した「神々の歳時記」である。二〇〇九年から二年間にわたって歳時記のかたちで、民俗事象を取りあげ、とりわけ、神仏が生活の中でどのように祀られてきたのかについて考えてみた。連載時にお世話になった飯塚行男氏に御礼申し上げたい。連載終了後、単行本にまとめようと考え始めた時に東日本大震災が発生し、私のフィールドである東北地方は大きな被害を受けた。私自身も勤務先での、いわゆる文化財レスキューに参加することになり、その遂行、さらにそれをもとにした共同研究に忙殺され、本書の原稿は気になりながらも放置せざるを得なかった。

そうしたいわば、置き去りになっていた原稿に日の目を見せようと折に触れて叱咤激励してくれたのは、連載のきっかけを作ってくれた星野慶子さんである。星野さんのおかげで、「神々の歳時記」は春秋社の篠田里香さんにバトンが渡され、『季節のなかの神々』として世に出ることになった。お二人には深く感謝するとともに、いきなり持ち込まれた原稿を通読してくださった春秋社の高梨公明さんにも御礼申し上げたい。

本書の記述にあたっては民俗研究において蓄積されてきた歳時習俗や信仰に関する事例をなるべく丁寧にたどり、それらが調査され、記述された当時の研究事情や問題意識をも意識するように心がけた。ちょうど歳時記を編む際に、俳句が一句一句、丁寧に取り扱われ、位置づけられるのと同様に、民俗研究者たちが生活の中から拾い上げ、報告してきた民俗事例を位置づけようとしたのである。それは筆者なりの民俗研究の先人に対する敬意の表明のつもりであった。本書がそうした民俗学を支えてきた方々の営為の上に成り立っていることを巻末ではあるが確認し、その末端に連なっている誇りを感じていることを記しておきたい。

なお、各章の扉絵を描いてくれた山内ヒロヤスさんとは気仙沼で震災前に知り合った。山内さんにこの仕事を依頼した後に東日本大震災が起き、山内さんの日常も大きく変わった。その後の生活文化の復興に取り組む忙しい日々のなかでも本書のことを忘れずにいてくれたことに感謝したい。

最後に私事にわたるが、私とは全く畑違いの理系の研究者であった亡き父、雄治と今も元気で私を心配してくれる母、登茂子、それに本を買いこむしか能のない奇妙な婿を見守ってくれている神保町の義父母、飯田勤・英子の四人に本書を捧げることをお許しいただきたい。

二〇一五年九月

参考文献

はじめに――歳時の相貌

大島建彦「信仰と年中行事」（大間知篤三ほか編『日本民俗学大系〈七〉』、平凡社、一九六九年）
折口信夫「国文学の発生〈第三稿〉」（『折口信夫全集〈第一巻〉』、中央公論社、一九九五年）
金儀右衛門『年中行事読本』（羽前小国民俗学研究所、一九五九年）
小島瓔禮「正月と盆の対位と暦法」（『民俗』四十五号、一九六一年）
田中宣一『祀りを乞う神々』（吉川弘文館、二〇〇五年）
坪井洋文『イモと日本人――民俗文化論の課題』（未来社、一九七九年）
坪井洋文「新年の時間的二元性」（『神道的神と民俗的神』、未来社、一九八九年）
芳賀日出男『神さまたちの季節』（角川書店、一九六四年）
原田敏明「氏神と氏子」（『宗教と社会』、東海大学出版会、一九七二年）
平山敏治郎「年中行事の二重構造」（『歳時習俗考』、法政大学出版局、一九八四年）
藤木久志「在地領主の勧農と民俗」（『戦国の作法――村の紛争解決』、一九八七年、平凡社）
三崎一夫「正月行事における疫神鎮送について」（『東北民俗』五輯、一九七〇年）
宮田登「暮らしのリズムと信仰」（桜井徳太郎編『日本民俗学講座〈三〉信仰伝承』、朝倉書店、一九七六年）
安室知『餅と日本人――「餅正月」と「餅なし正月」の民俗文化論』（雄山閣出版、一九九九年）
柳田國男『先祖の話』（筑摩書房、一九四六年）

春の章

池間栄三『与那国の歴史』（自刊、一九五九年）
石本敏也「ぶらんこ縄と正月行事――福島県大沼郡会津美里町上平」（『西郊民俗』二三〇号、西郊民俗談話会、二〇一五年）
岩崎敏夫「東北のハヤマとモリノヤマの考察」（『東北民間信仰の研究〈上巻〉』、名著出版、一九八二年）
岩瀬博ほか編『与那国島の昔話』（同朋舎出版、一九八三年）
大島建彦「淡島神社の信仰」（『疫神とその周辺』、岩崎美術社、一九八五年）
小野重朗『十五夜綱引の研究』（慶友社、一九七二年）
折口信夫「雛祭りとお彼岸」（一九三六年、『折口信夫全集〈第十七巻〉』、中央公論社、一九九六年）
川口孫治郎『自然暦』（日新書院、一九四三年）
近畿民俗学会編『大和の民俗』（大和タイムス社、一九五九年）
小池淳一「唱導文化の視点――サイノカワラと盆踊り」（山田厳子編『青森県における仏教唱導空間の基礎的研究――図像・音声・身体』、弘前大学〈科研報告書〉、二〇〇六年）
坂田友宏「因幡の雛送り〈流し雛〉」（一九八四年、『神・鬼・墓――因幡・伯耆の民俗学研究』、米子今井書店、一九九五年）
佐野賢治『虚空蔵菩薩信仰の研究』（吉川弘文館、一九九六年）
高橋俊乗「寺子屋における天満天神の信仰」（一九二九年、村山修一編『天神信仰』、雄山閣出版、一九八三年）
武田久吉『農村の年中行事』（龍星閣、一九四三年）
土橋里木「こと八日と山の神」（『民間伝承』十四巻六号、日本民俗学会、一九五〇年）
中山徳太郎・青木重孝『佐渡年中行事〈増補版〉』（高志書院、一九九九年）

西瀬英紀「四天王寺――彼岸会のころ」(『仏教行事歳時記〈三月〉彼岸』、第一法規出版、一九八九年)
原勝郎「鞦韆考」(『日本中世史』、平凡社、一九六九年)
平山敏治郎ほか校注『日本庶民生活史料集成〈第九巻〉』(三一書房、一九六九年)
堀田吉雄『山の神信仰の研究〈増補改訂版〉』(光書房、一九八〇年)
水野道子「鬼の宿」(『西郊民俗』九十四号、一九八一年、同一一四号、一九八六年)
宮田登「地域社会と稲荷信仰」(『山と里の信仰史』、吉川弘文館、一九九三年)
略縁起研究会編『略縁起 資料と研究〈1〉』(勉誠社、一九九六年)

夏の章

網野房子「観音イメージの変容――寺社縁起・説話における観音の諸相」(『社会人類学年報』十五号、弘文堂、一九八九年)
有賀恭一「信州諏訪の狸と狢」(『郷土研究』七巻三号、郷土研究社、一九三三年)。
板橋春夫『カイコと暮らし』(伊勢崎市赤堀歴史民俗資料館、二〇〇八年)
今瀬文也『季節の習俗〈中巻〉』(筑波書林、一九九一年)
大藤時彦「虎が雨」(『日本民俗学の研究』、学生社、一九七九年)
大森恵子「太鼓の呪力――虫送りと御霊信仰」(一九八八年、『念仏芸能と御霊信仰』、名著出版、一九九二年)
岡田松三郎編『設楽』十七号(設楽民俗研究会、一九三〇年)
神代渓水「めどつの話〈一〉~〈三〉」(一九三六年、青森県史編さん室編『奥南新報「村の話」集成〈下〉』、青森県、一九九八年)
蒲生明「妖怪名彙」(『民間伝承』四巻二号、一九三八年)

小池直太郎『小谷口碑集』（郷土研究社、一九二二年）
高崎正秀「茸籠り考」（一九三四年、『高崎正秀著作集〈第七巻〉』、桜楓社、一九七一年）
高谷重夫『雨乞習俗の研究』（法政大学出版局、一九八二年）
常光徹「伝説と年中行事――田村麻呂の悪竜退治をめぐって」（一九八九年、『学校の怪談――口承文芸の展開と位相』、ミネルヴァ書房、一九九三年）
中勘助『銀の匙』（一九一三年、岩波文庫、一九三五年）
野堀正雄「千日参り」（『仏教行事歳時記〈八月〉万燈』、第一法規、一九八九年）
早川孝太郎「鰻と水の神」（『農と祭』、一九四二年、『早川孝太郎全集〈第八巻〉』、未来社、一九八二年）
林魁一「労力移動と休日の数例」（『民間伝承』十巻五号、一九四四年）
富士吉田市史編さん室編『新倉の民俗』（富士吉田市、一九八八年）
細川敏太郎「半夏生」（『讃岐の民俗誌』、三秀社、一九七二年）
増田昭子「檜原村の麦作り」（『粟と稗の食文化』、三弥井書店、一九九〇年）
最上孝敬「川潜り漁のこと」（『西郊民俗』三十九号、一九六六年）
柳田國男『年中行事覚書』（一九五五年、『柳田國男全集〈第十八巻〉』、筑摩書房、一九九九年）

秋の章

浅井正雄「京都府舞鶴地方」（『旅と伝説』第七年七月・盆行事号、三元社、一九三四年）
天野重安「岡成物語〈伯耆岡成村の民俗〉二」（『民俗学』四巻五号、民俗学会、一九三二年）
石川純一郎「盆と地蔵盆」（『地蔵の世界』、時事通信社、一九九五年）
石塚尊俊「納戸神に始まって」（『女性司祭』、慶友社、一九九四年）

磯貝勇「丹波・丹後の星」(『丹波の話』、東書房、一九五六年)
榎本直樹「盆における仏の野回り」(『法政人類学』六十一、六十二号、法政人類学研究会、一九九四、九五年)
大林太良「オオゲツヒメ型神話の構造と系統」(『稲作の神話』、弘文堂、一九七三年)
大本敬久「八朔の歴史と民俗――付・愛媛の八朔習俗」(『四国民俗』三十九号、四国民俗学会、二〇〇六年)
小川直之「稲作儀礼の構成と地域性」(『地域民俗論の展開』、岩田書院、一九九三年)
小倉学「能登半島における諏訪信仰――鎌打ち神事を中心として」(『加能民俗研究』二十二号、加能民俗の会、一九九一年)
信濃教育会北安曇部会編『北安曇郡郷土誌稿〈第三輯・年中行事篇第一冊〉』(郷土研究社、一九三三年)
高取正男「後戸の護法神」(『民間信仰史の研究』、法蔵館、一九八二年)
高谷重夫『盆行事の民俗学的研究』(岩田書院、一九九五年)
竹田旦「長崎県南松浦郡樺島」(日本民俗学会編『離島生活の研究』、国書刊行会、一九七五年)
東京女子大学史学科郷土調査団編『庄内大谷の民俗』(東京女子大学、一九六六年)
東京女子大学民俗調査団編『雄勝役内の民俗』(東京女子大学、一九七七年)
東洋大学民俗研究会『和良の民俗』(東洋大学民俗研究会、一九七九年)
野尻抱影「悪星退散」(『星と伝説』、角川文庫、一九七一年)
服部幸雄『宿神論――日本芸能民信仰の研究』(岩波書店、二〇〇九年)
平山敏治郎「八朔習俗」(『歳時習俗考』、法政大学出版局、一九八四年)
水野道子「北多摩における盆の日取り」(『法政人類学』六十号、法政人類学研究会、一九九四年)
安室知「アゼ豆の村――長野県飯山市富倉」(『水田をめぐる民俗学的研究――日本稲作の展開と構造』、慶友社、一九九八年)

柳田國男「伝説と児童」（『日本の伝説』、一九二九年、『柳田國男全集〈第四巻〉』、筑摩書房、一九九八年）
和歌森太郎「八朔考」（『日本民俗論』、一九四七年、『和歌森太郎著作集〈第九巻〉』、弘文堂、一九八一年）

冬・新年の章

青森県立郷土館編『西越・田中の民俗』（青森県立郷土館、一九九〇年）
青森県立郷土館編『浦田の民俗』（青森県立郷土館、一九八一年）
有賀喜左衛門「イロリと住居」（一九四八年、『〈第二版〉有賀喜左衛門著作集〈第V巻〉』、未来社、二〇〇〇年）
石塚尊俊「金屋の伝承」（『鑪と刳舟』、慶友社、一九九六年）
伊那民俗研究会編『山の祭り』（山村書院、一九三三年）
近江礼子「茨城県の道祖神信仰」（『西郊民俗』二〇〇・二〇一号、西郊民俗談話会、二〇〇七年）
大森義憲『甲州年中行事』（山梨民俗の会、一九五二年）
小野重朗「大黒様」（『民俗神の系譜』、法政大学出版局、一九八一年）
胡桃沢勘司「年取魚としてのブリ」（胡桃沢勘司編著『牛方・ボッカと海産物移入』、岩田書院、二〇〇八年）
小島瓔禮『案山子系図』（ひでばち民俗談話会、一九六二年）
小嶋博巳ほか「聞き書き香川県長尾町多和の伝承」（『生活文化研究所年報』第九輯、ノートルダム清心女子大学、一九九五年）
小嶋博巳ほか「聞き書き徳島県板野町大坂の伝承」（『生活文化研究所年報』第十三輯、ノートルダム清心女子大学、二〇〇〇年）
桜田勝徳「民俗としての大根」（一九六二年、『桜田勝徳著作集〈第五巻〉』、名著出版、一九八一年）
笹本儀一郎「障子の穴から大事を見るな——昔からの言い伝え集」（『伊予の民俗』二十二号、伊予民俗の会、一九七六年）。
城山町編『城山町史　4　資料編　民俗』（城山町、一九八八年）
竹田聴洲「十夜念仏と亥子・十日夜の行事」（一九五八年、『竹田聴洲著作集〈第八巻〉』、国書刊行会、一九九三年）
田中宣一「エビス信仰の伝播と神去来伝承の複雑化」（『年中行事の研究』、桜楓社、一九九二年）
多摩市史編集委員会編『多摩市史　民俗編』（多摩市、一九九七年）
丹野正「厄神の宿」（『民間伝承』十六巻十二号、日本民俗学会、一九五二年）
坪井洋文「嘘のフォクロア」（『民俗再考——多元的世界への視点』、日本エディタースクール出版部、一九八六年）
長沢利明「浅草寺の正月行事」（東京都教育委員会編『東京都の祭り・行事』、東京都教育委員会、二〇〇六年）
丹生谷哲一「山伏ツブテと大黒ツブテ」（『検非違使』、平凡社、一九八六年）
沼津市史編さん委員会・沼津市教育委員会編『沼津市　資料編　民俗』（沼津市、二〇〇二年）
早川孝太郎『花祭』（一九三〇年、『早川孝太郎全集〈第一、二巻〉』、未来社、一九七一、七二年）
福島県南郷村教育委員会編『奥会津南郷の民俗』（南郷村教育委員会、一九七一年）
宮本常一「亥の子行事——刈上祭」（一九四四年、『宮本常一著作集〈第九巻〉』、未来社、一九七〇年）
平山敏治郎「一日のはじめ」（『歳時習俗考』、法政大学出版局、一九八四年）
仏教大学民間念仏研究会編『民間念仏信仰の研究〈資料編〉』（隆文館、一九六六年）
宮田登『冠婚葬祭』（岩波新書、一九九九年）
柳田國男『遠野物語』（一九一〇年、『柳田國男全集〈第二巻〉』、筑摩書房、一九九七年）
柳田國男「大師講の由来」（『日本の伝説』、一九二九年、『柳田國男全集〈第四巻〉』、筑摩書房、一九九八年）

和歌森太郎『年中行事』（至文堂、一九五七年）
鷲見定信「十夜講と十夜法要」（伊藤唯真編『仏教民俗学大系〈第六巻〉仏教年中行事』、名著出版、一九八六年）
渡辺定夫「松本―糸魚川間の正月魚＝ブリとサケの問題」（『民間伝承』三〇四、三〇五号、六人社、一九七五年）

おわりに――歳時民俗と俳句的世界

宇多喜代子『新版　里山歳時記』（角川学芸出版、二〇一二年）
金子兜太『語る　兜太――わが俳句人生』（岩波書店、二〇一四年）

著者紹介

小池淳一（こいけ・じゅんいち）
1963年生まれ。1992年筑波大学大学院博士課程単位取得退学。弘前大学、愛知県立大学を経て、現在、国立歴史民俗博物館教授。著書に、『伝承歳時記』（飯塚書店、2006年）、『民俗学的想像力』（編著、せりか書房、2009年）、『陰陽道の歴史民俗学的研究』（角川学芸出版、2011年）、『シリーズ日本人と宗教〈第5巻〉書物・メディアと社会』（共著、春秋社、2015年）など。

JASRAC 出 1510788-202

季節のなかの神々——歳時民俗考

2015年10月20日　初版第1刷発行
2022年 5 月30日　　　第2刷発行

著者Ⓒ＝小池淳一
発行者＝神田　明
発行所＝株式会社　春秋社
〒101-0021　東京都千代田区外神田2-18-6
電話（03）3255-9611（営業）・（03）3255-9614（編集）
振替　00180-6-24861
https://www.shunjusha.co.jp/
印刷・製本＝萩原印刷株式会社
装　丁＝鎌内　文
本文扉絵＝山内ヒロヤス

ISBN 978-4-393-29204-4　C0039
定価はカバー等に表示してあります

佐々木宏幹

生活仏教の民俗誌

誰が死者を鎮め、生者を安心させるのか

東日本大震災以降現れた幽霊の目撃談。荒ぶる魂、彼の地に残っている霊を誰が鎮めるか。日本人の精神の源にある「力」への信仰を、生活に根付く「仏教」の諸層から探求する。

2200円

島薗進／高埜利彦／林淳／若尾政希編・小池淳一他著

書物・メディアと社会

シリーズ日本人と宗教〈五〉

近世に成立した商業出版に焦点を当て、宗教に与えた影響を検討、あわせて近代における新聞や雑誌などのメディアとの関係を多面的に論じる、野心的試み。

3520円

平瀬礼太

〈肖像〉文化考

私たちが人の似姿にオーラを感じるのはなぜか？御真影、切手、結婚写真、広告、藁人形、絵馬、美術作品となった肖像を手がかりに近代以降の日本人のまなざしの変遷を辿る。

2530円

網野善彦／宮田登／上野千鶴子

日本王権論〈新装版〉

天皇制はいかなるものに支えられ、どのような機能を果たしてきたか。その特異性、存続の理由は何か。歴史学・民俗学・文化人類学の視角から日本精神史の深層に迫る討論。

2750円

▼価格は税込（10％）。